Hernandes Días Lopes

RUTH

Una perfecta historia de amor

Traducción al Español:
J.Thomas Saldias, MSc.
Trujillo, Perú, Noviembre, 2023

Título Original en Portugués
"Rute - Uma perfeita história de amor"
© Hernandes Días Lopes, 2007
Traducido al Español de la 1ra edición Portuguesa – julio, 2007

World Spiritist Institute
Houston, Texas, USA
E-mail: contact@worldspiritistinstitute.org

Del Traductor

Jesus Thomas Saldias, MSc., nació en Trujillo, Perú.

Desde los años 80's conoció la doctrina espírita gracias a su estadía en Brasil donde tuvo oportunidad de interactuar a través de médiums con el Dr. Napoleón Rodriguez Laureano, quien se convirtió en su mentor y guía espiritual.

Posteriormente se mudó al Estado de Texas, en los Estados Unidos y se graduó en la carrera de Zootecnia en la Universidad de Texas A&M. Obtuvo también su Maestría en Ciencias de Fauna Silvestre siguiendo sus estudios de Doctorado en la misma universidad.

Terminada su carrera académica, estableció la empresa *Global Specialized Consultants LLC* a través de la cual promovió el Uso Sostenible de Recursos Naturales a través de Latino América y luego fue partícipe de la formación del **World Spiritist Institute**, registrado en el Estado de Texas como una ONG sin fines de lucro con la finalidad de promover la divulgación de la doctrina espírita.

Actualmente se encuentra trabajando desde Perú en la traducción de libros de varios médiums y espíritus del portugués al español, habiendo traducido más de 270 títulos, así como conduciendo el programa "La Hora de los Espíritus."

Índice

Dedicación 5

Prefacio 6

Una Introducción al Libro de Ruth 8

Capítulo 2 La saga de una familia 24

Capítulo 3 Hambre en la Casa del Pan 43

Capítulo 4 ¿Casualidad o providencia? 59

Capítulo 5 Hogar, fuente de gran felicidad 79

Capítulo 6 Cuando la esperanza se hace realidad.....................96

Dedicación

Dedico este libro a Loyde Emerich Boechat, una mujer piadosa, amable, amiga y consejera. Su vida ha sido una inspiración para la mía. Su amor es un bálsamo para mi corazón. Sus oraciones son instrumentos de bien en mi ministerio..."

Prefacio

Estaba muy feliz de afrontar el desafío de presentar este precioso libro del Reverendo Hernandes, mi amado pastor desde hace 22 años. Es un hombre sencillo, de vida cresta inmaculada y una cultura extraordinaria. Es estimado y admirado en el ambiente evangélico dentro y fuera de Brasil como un elocuente predicador del Evangelio y un escritor hábil y profuso. Conocí al Rev. Hernandes cuando aun era joven, y en ese momento ya demostraba un conocimiento bíblico admirable. Miro sus mensajes semanalmente y veo cómo Dios, por Su gracia, lo usa como un instrumento valioso para traer vidas a Cristo y construir la Iglesia. Su vida avala su obra, pues ha sido modelo y paradigma para todos los que lo conocemos. Ahora a través de sus más de cuarenta libros publicados abrió la puerta a miles de personas en todos los rincones de nuestro país y más allá de sus fronteras.

Tuve una gran alegría leyendo los originales de este nuevo libro suyo. Observé atentamente su estilo directo, su pensamiento claro, sus conceptos profundos y su impecable mensaje bíblico. Cada palabra y pensamiento tiene una aplicación práctica. Estoy seguro que estamos siendo recompensados con este precioso libro: Ruth, una historia de amor perfecta. En verdad, esta es una obra fantástica, cuyas enseñanzas llenarán tu alma de esperanza y guiarán tus pasos hacia el triunfo, aunque ahora que estás recorriendo un camino plagado de espinas.

La lectura de este libro, que ahora presento, me convenció que su mensaje es oportuno, urgente y muy necesario.

Este libro, resultado del laborioso trabajo exegético y pastoral del autor, en los cuatro capítulos y 85 versículos del libro de Ruth, ofrece preciosas herramientas para ayudarte a afrontar victoriosamente las luchas y adversidades de la vida. Los tiempos modernos no son nada diferentes de los tiempos pasados. Estamos viviendo las mismas crisis que antes, por lo que el libro de Ruth es sumamente actual. La Palabra de Dios nunca envejece ni se vuelve obsoleta. El mensaje de este precioso libro es un tónico para el alma, un bálsamo del cielo para todos aquellos que están experimentando las luchas de su camino personal, familiar y cristiano.

Mi deseo más profundo es que los mismos beneficios que este libro produjo en mi corazón también lleguen a tu vida y la de tu familia. ¡Esta es mi oración!

Aurenice Silva Medeiros

Una Introducción al Libro de Ruth

(Rt 1:1)

El libro de Ruth es una historia de amor perfecta.

Es una de las novelas más hermosas de la Biblia. Es una de las más ricas y encantadoras de toda la literatura mundial; y un libro inspirado que termina en magníficas lecciones.

Leon Morris la llama "la historia perfecta."[1] David Atkinson la llama una "historia de encanto y deleite."[2] Warren Wiersbe la llama "una historia del amor."[3] John Peter Lange dice que este libro, que tiene sólo 85 versos es como un jardín adornado con fragantes rosas, cuya belleza y contenido nunca podrán ser suficientemente ensalzados.[4]

A. W. Weiser cita lo que dijo Goethe: "El libro de Ruth es la obra completa más bella en forma reducida, que nos ha sido entregada como un tratado ético y un idilio." También cita el

---

[1] Morris, Leon. Rute. Editora Vida Nova. São Paulo, SP, 2006: p. 213.

[2] Atkinson, David. El mensaje de Ruth. ABU Editora. São Paulo, 1991: p. 23.

[3] Wiersbe, Warren W. Comentario bíblico expositivo. Vol. 2. Geográfica Editora. Santo André, SP, 2006: p. 173.

[4] Lange, John Peter. Langes commentary on the Holy Scriptures. Vol. 2. Zondervan Publishing House. Grand Rapids, Michigan, 1980: p. 3.

veredicto de R. Alexander Schroeder: "Ningún poeta en el mundo ha escrito una historia más hermosa."[5]

El libro de Ruth exalta el amor y la virtud de una mujer moabita y habla de la oportunidad de reconciliación para todas las naciones extranjeras que buscan refugio bajo las alas del Dios vivo (2.12). En Boaz y Ruth, los israelitas y los gentiles están personificados. No se requirió de ella nada más que el amor y la fe personales de Ruth para encontrar refugio bajo las alas del Dios de Israel.[6]

El libro de Ruth es la historia de un drama familiar.

Antonio Neves de Mesquita dice que el libro de Ruth nos enfrenta a un drama familiar.[7] En este drama surgen varios problemas:

- el problema de la crisis financiera;

- el problema de la inmigración;

- el problema de las enfermedades;

- el problema de la muerte;

- el problema de la viudez;

- el problema de la pobreza;

- el problema de la amargura contra Dios.

Al mismo tiempo, el libro de Ruth nos habla de:

- la fuerza de la amistad;

- la belleza de la providencia;

- la recompensa de la virtud.

---

[5] Weiser, A. Introduction to the Old Testament. Darton. Longman e Todd, 1961: p. 305.

[6] Lange, Juan Pedro. Comentario de Lange sobre las Sagradas Escrituras, 1980: P 4.

[7] Mesquita, Antonio Neves de. Estudio los libros de Josue, Futzes y Ruth. Casa Publicadora Batista, Río de Janeiro, RJ, 1973: p. 231.

El libro de Ruth es una historia llena de profundas emociones, en la que resalta el poder del amor y la victoriosa providencia divina. En este sentido, este libro contrasta con el libro de Jueces, que trata de guerras y contiendas; la de Ruth; sin embargo, trata sobre la amistad y el amor. En el libro de Jueces, el juicio de Dios le muestra a la nación de Israel la locura del pecado; En el libro de Ruth, el amor y la vida son recompensados. De hecho, el libro de Ruth trata sobre Dios. Él es el personaje principal de este precioso libro.[8]

Cabe mencionar que en una sociedad dominada por hombres, los personajes centrales de esta novela son dos mujeres que desafiaron la crisis y actuaron con fe en la divina providencia. La primera era una mujer judía anciana, pobre, viuda y sin hijos; la otra, una gentil viuda que se encariñó con su suegra y se convirtió al Dios de Israel.

Además de ofrecernos bendiciones, lecciones morales y espirituales, este libro es un homenaje divino a las mujeres, verdaderas heroínas en tiempos de crisis. Hay dos libros de la Biblia con nombres femeninos. El primero es Ruth, una gentil que se casa con un judío y se convierte en antepasado del rey David y del propio Mesías (Mt 1:5). El segundo libro es Esther, una judía que se casa con un gentil para salvar a su pueblo en una gran tragedia.

El autor y fecha del libro de Ruth no lo sabemos con certeza. La mayoría de los eruditos; sin embargo, lo atribuyen a Samuel.[9] Leon Morris dice que el estilo literario y lingüístico de Ruth se parece mucho al libro de Samuel.[10] El Talmud, escrito en el siglo II

---

[8] Morris, León. Ruth, 2006: pág. 213.
[9] Morison, James. Ruth en el comentario del Púlpito. Vol. 4. Compañía editorial Eerdmans. Grands Rapids, Michigan, 1978: pág. xiii.
[10] Morris, León. Ruth 2006: pág. 220.11 WENHAM, G. V. et al. Nuevo comentario de la Biblia. Prensa InterVarsity. Downers Grove, Illinois, 1998: pág. 287.

de la era cristiana, también atribuye este libro a Samuel.[11] Josefo, a su vez, sitúa el libro en los tiempos de Elí, cuando David aun no era conocido. [12] Coincidimos con la opinión de Antonio Neves de Mesquita, quien sitúa este libro al final del período de los jueces, como su escritor ya conocía a David como rey de Israel.[13]

Una época de inestabilidad económica, moral y espiritual (1.1) El libro de Ruth fue escrito en el período más turbulento de la historia de Israel, el perdón de los jueces. Este fue un largo período, aproximadamente 350 años, que comenzó después de la muerte de Josué y sólo terminó con la coronación del rey Saúl.

En aquella época, el pueblo israelita vivía como un ascensor, unas veces subía y otras bajaba. El pueblo alternaba sus vidas, oscilando entre su rebelión contra Dios y su regreso a Él. La inestabilidad política, el colapso moral y la infidelidad espiritual fueron las marcas distintivas de esta época.

De hecho, el regreso a Dios fue superficial, pues el pueblo solo buscaba a Dios para ser libre de sus angustias, pero en cuanto la mano de Dios se manifestó trayendo liberación, el pueblo comenzó a rebelarse contra el Altísimo nuevamente.

El pueblo buscó a Dios por lo que podía recibir de Él. No estaban interesados en Dios, sólo en ellos mismos; buscaron a Dios con propósitos egoístas. No querían a Dios, sólo las bendiciones de Dios. Sus vidas estaban centradas en ellos mismos, no en Dios. Vivían antropocéntricamente, no teocéntricamente. Ricardo Gondim dice que, dentro de esta anarquía, la historia de Ruth

---

[11] Josefo, Flavia. (Antiguo 5,9,1); MESQUITA, Antonio Neves de. Estudio en los libros de Josué, Futzes y Ruthe, 1973: p. 232.

[12] Mesquita, Antonio Neves de. Estudio los libros de Joshua, Futzes y Ruth, 1973: pág. 233.

[13]

surgió como una especie de refrigerio, un soplo suave, de calma y de bonanza, en medio de una tormenta delirante.[14]

David Atkinson habla de tres factores que han desafiado la fe en la divina providencia hoy como en los días de los jueces: otros dioses, una cultura dividida y el problema del mal.[15] Veamos estos tres factores:

Primero, los otros dioses. Los cananeos de la Antigüedad, como mucha gente hoy en día, pensaban que la religión era la clave de la prosperidad. Dado que la economía era predominantemente agrícola, la prosperidad dependía inevitablemente de la fertilidad de la tierra. Debía producir abundantes cosechas y rebaños fértiles. En la creencia cananea, el dios Baal era el dueño de la tierra y quien controlaba su fertilidad. El ciclo regular de la naturaleza y la fertilidad del suelo se debían a las relaciones sexuales entre Baal y su compañera Astarté. Como los hombres siempre buscaban imitar a los dioses, los cananeos pensaban que la prosperidad era resultado de rituales compuestos de relaciones sexuales huérfanas practicadas en los santuarios de Baal. Hombres y mujeres se alistaban al servicio de esta deidad pagana y copulaban libremente con adoradores masculinos y femeninos en estos santuarios paganos construidos en lugares altos.[16] Los israelitas, a su vez, creían que la prosperidad era el resultado de la obediencia al pacto firmado con Dios., como se describe en Levítico 26 y Deuteronomio 28. Sin embargo, con el tiempo, los israelitas fueron seducidos por la fascinación de estas creencias paganas, y muchos terminaron postrándose ante estos dioses.

Hoy en día, Baal recibe una nueva apariencia. La búsqueda de prosperidad, parte de los principios de Dios y la religión más buscada en nuestro tiempo. La creencia que al lograrlo se

---

[14] Gondim, Ricardo. Cree en la posibilidad de la victoria. Prensa Abba. São Paulo, SP, 1995: p. 6.
[15] Atkinson, David. El mensaje de Ruth, 1991: p. 15.
[16] Atkinson, David. El mensaje de Ruth, 1991: p. 20.

alcanzará .la prosperidad si nos sometemos a las políticas monetarias

Las leyes, las leyes del mercado, el libre comercio y la globalización encuentran muchos adoradores y devotos. La búsqueda desenfrenada de posesión y el sacrificio de valores morales absolutos en esta carrera loca no son sólo una cuestión económica, sino religiosa: la fascinación por el dios de la prosperidad es la religión que más adeptos gana en nuestra generación.

En segundo lugar, una cultura dividida. En los días de los jueces, el pueblo israelita vivía rodeado de la religión de Baal. Vivió dividido entre preservar la fe en Dios o sucumbir a la seducción del culto a Baal. BW Anderson expresa esta tensión de la siguiente manera: "Miraron a Yahvé en períodos de crisis militar; a Baal recurrieron para tener éxito en la agricultura."[17] David Atkinson advierte del peligro de relegar a Dios sólo a ciertas áreas de nuestros intereses.[18] Una de las marcas de la posmodernidad y la secularización. Dios fue reducido en su acción y encerrado dentro de los templos religiosos. Fue marginado de la vida y olvidado por la humanidad. Ahora prevalece el subjetivismo, en el que cada uno tiene su propia verdad, su fe y su propia leyes.

En tercer lugar, el problema del mal. La apostasía del pueblo provocó el castigo de Dios. Los enemigos de Israel vinieron, devastaron la tierra, saquearon al pueblo y destruyeron la economía agrícola. David Atkinson comenta este hecho así:

La segunda parte del libro de Jueces pinta un cuadro siniestro de malestar civil y violencia, de desintegración social, de inmoralidad sexual, de agresión y guerra. Las personas que tenían fe entendían esto en términos del juicio de Yahvé debido a que el pueblo no había respetado vivir según la justicia de Yahweh. "En

---

[17] Anderson, B. W El mundo viviente del Antiguo Testamento. Longmans, 1967: pág. 106.
[18] Atkinson, David. El mensaje de Ruth, 1991: p. 22.

aquellos días no había rey en Israel: cada uno hacía lo que le parecía bien" (Jueces 21:25)[19].

Atkinson dice también que la atracción ejercida por los demás dioses y la tentación de desconectar los intereses de Jave de la vida cotidiana, el caos social, la miseria personal y la dura experiencia del juicio divino caracterizaron de manera especial "los días en los que juzgaban a los jueces." Este fue un momento oscuro y difícil para creer en la divina providencia.[20]

Una época en la que el hambre castigaba a la ciudad de Belén (1.1), la tierra que mana leche y miel, está desolada.

El libro de Ruth cuenta la historia de una familia que vivía en la ciudad de Belén (Bet = casa, lehem = pan), la Casa del Pan, donde un día se les acabó el pan. La ciudad pasó de ser un granero a un lugar de desesperación y hambre. La Casa del Pan tenía estantes vacíos, hornos fríos y sin suministros. Belén fue una mentira, un engaño, una negación de sí misma. Cuando llega la crisis, afecta a todos, pobres y ricos, hombres y mujeres. Elimelec era un hombre rico, tenía tierras y bienes. Sin embargo, la crisis lo golpeó, el hambre también llegó a su casa.

El hambre no fue una simple coincidencia, ni siquiera resultado de una tragedia natural. La sequía que devastó los campos, que marchitó la semilla en el vientre de la tierra, que cortó el suministro de las despensas y llevó el espectro del hambre a las mesas; la desobediencia era un juicio de Dios (Lv 26:19,20; Dt 28:23,24; 2 Sm 24:13,14; Ez 5:16; Am 4:6,7).

El tiempo de los jueces experimentó el juicio de Dios. Los enemigos que vinieron y devastaron los campos y saquearon sus bienes y riquezas fueron instrumentos del juicio de Dios sobre su pueblo rebelde. El pacto de Dios contenía bendiciones y maldiciones. La obediencia produce vida, pero la rebelión genera

---

[19] Atkinson, David. El mensaje de Ruth, 1991: p. 23.
[20] Idem.

muerte. El hambre era la vara de disciplina de Dios. El hambre también fue la causa que llevó a Elimelec a bajar a Moab, fue la causa que llevó a Abraham y Jacob a Egipto, fue la causa que llevó a Isaac a Gerar y al mismo Jesús a ser tentado en el desierto.

Walter Baxendale dice que el pecado se llevó a los ángeles del cielo, a Adán del paraíso y privó a miles de israelitas de la Tierra Prometida. Ahora privad a Israel del pan. Debido a que el pueblo se apartó de Su ley, Dios suspendió la provisión. El juicio nacional enviado sobre la nación afectó la historia individual de esta familia.[21]

Una época en la que la huida parecía el único recurso ante la crisis (1.1). La crisis es una encrucijada en la que inevitablemente necesitamos tomar una decisión. Algunos ponen un pie en el camino de la victoria, otros avanzan por los atajos de la huida y del fracaso. Elimelec, Noemí, Mahlón y Quiliom prefirieron huir antes que afrontar la crisis. Apostaban a que la crisis era irremediable y que la vía de escape era la única vía. Sin embargo, huir no siempre es la alternativa más segura y sensata. En tiempos de crisis, debemos mirar a Dios, en lugar de sólo las circunstancias. Cuando estamos acorralados por circunstancias adversas, debemos creer que Dios está por encima y en control de ellas.

En tiempos de hambruna, Abraham huyó a Egipto y allí casi terminó su matrimonio. En la misma situación, Isaac fue tentado a bajar a Egipto, pero Dios le ordenó: "No desciendas a Egipto." Afrontar la crisis es mejor que huir. Huir no es una opción segura. En crisis, debemos buscar refugio en las alas del Todopoderoso, en lugar de buscar falsos refugios.

Una época en la que las crisis cobraban gran importancia (1:3-5) la huida de Belén a Moab estuvo marcada por muchos desastres en la familia de Elimelec. Buscar refugio fuera de la

---

[21] Baxendale, Walter. El comentario homilético del predicador. Vol. 7. Baker Books, Grand Rapids, Michigan, 1996: pág. 8.9.

voluntad de Dios es un error consumado. Fueron a Moab en busca de supervivencia y encontraron la muerte. Fueron a buscar pan y encontraron la enfermedad. Fueron en busca de vida y encontraron una tumba. La tierra extranjera no les dio seguridad, sino sepultura.

¿Qué clase de crisis enfrentó esa familia en Moab?

En primer lugar, la enfermedad. La enfermedad es peor que la escasez de pan. Cosechan a causa del hambre, pero no pudieron escapar de la enfermedad. Elimelec condujo a su familia hacia Moab para escapar de la hambruna, pero no pudo liberar a su familia de los tentáculos de la enfermedad.

En segundo lugar, la muerte. Elimelec cayó en tierra extranjera. Murió y dejó a su familia huérfana en tierra extraña. El dolor del duelo es más agudo que el dolor de la pobreza. La escasez es menos dolorosa que la muerte. Han pasado diez años. Malom y Chiliom se casan en Moab, y una vez más una luz de esperanza brilla en el camino de esa familia inmigrante. La muerte; sin embargo, vuelve a perseguir a esa familia ya marcada por el sufrimiento. De repente, sin ninguna explicación, las jóvenes vidas de Malom y Chiliom terminan en una tierra extranjera. Noemí lo perdió todo: su tierra, su marido, sus hijos, sus sueños. Es anciana, viuda, pobre, sin hijos, en tierra extranjera. No tiene hijos ni descendientes. Su semilla será cortada de la tierra. Se le borrará la memoria y empezará a alimentarse de ajenjo. Introyecta una amargura existencial devastadora en el alma. Incluso cambió su nombre. Ya no quiere llamarse Noemí, sino Mara, que significa amargura (1:20).

En tercer lugar, la viudez. El libro de Ruth es un drama que cuenta la historia de tres mujeres que quedaron viudas, pobres, indigentes y sin hijos. La matriarca Noemí no sólo perdió a su marido, sino también a sus hijos, y esto en tierra extranjera. Para ella el futuro había cerrado las cortinas. La esperanza fue enterrada en la tumba de sus propios muertos.

En cuarto lugar, rebelarse contra Dios. Noemí, aunque era una mujer creyente, cuya fe se mantenía intacta en el Dios de Israel en tierra pagana, desarrolló una teología errónea sobre la divina providencia. Comenzó a mirar la vida con lentes pesimistas. No creía en el azar ni en el determinismo ciego. Su teología; sin embargo, estaba equivocada, porque pensaba que Dios estaba descargando su juicio sobre ella. Ella no pudo ver un plano más elevado y un propósito más sublime en medio de la tragedia (1:20,21).

Un tiempo para aprender a mirar la vida a través de los ojos de Dios, el libro de Ruth es una reserva de magníficas lecciones que son verdaderos tónicos para el alma. Necesitamos aprender a mirar la vida con los ojos de Dios. Estamos de acuerdo con las palabras del poeta inglés William Cowper: "Detrás de cada providencia ceñuda, se esconde un rostro sonriente." Confiamos plenamente en lo que dijo el pionero del cristianismo, el veterano apóstol Pablo: "Sabemos que a los que aman a Dios, todas las cosas les ayudan a bien, esto es, a los que conforme a su propósito son llamados" (Romanos 8:28). Miremos la sólida teología de la soberanía y providencia de Dios en el libro de Ruth. Destacamos algunos de sus énfasis:

En primer lugar, la providencia del Todopoderoso es mayor que la tragedia humana. Dios transforma el caos en cosmos. Él transforma los valles en manantiales, nuestras tragedias en escenarios de esperanza. Él enjuga nuestras lágrimas, alivia nuestro dolor y pone nuestros pies en el camino hacia la victoria más espléndida.

Dios escribió uno de los capítulos más hermosos de la Historia desde el dolor más profundo de Noemí. El Eterno arrancó del hoyo a aquella pobre viuda; las tinieblas de la soledad y la pobreza y la elevaron al nivel de los más afortunados de alegrías, convirtiéndola en la matriarca de la esperanza en su tierra. Cuando nuestra causa parece perdida, con Dios no está perdido. Cuando juzgamos que las circunstancias han superado nuestra esperanza, el Dios que nos llama a la existencia, cosas que no existen, nos hace triunfar en el desierto de nuestras crisis.

En segundo lugar, el amor de Dios no es tribal sino universal. Dios prometió bendecir a todas las familias de la tierra a través de Abraham (Gén 12:3). El amor de Dios es universal, abarca a todos los pueblos. El amor de Dios no tiene fronteras; incluye a todos aquellos por quienes Cristo derramó Su sangre y provienen de toda tribu, lengua, pueblo y nación (Apocalipsis 5:9).

Ruth, una moabita, fue incluida en el linaje ancestral del rey David y en la genealogía del propio Mesías. Ruth deja a su pueblo, sus dioses, su tierra, sus parientes y se une a una suegra israelita, convirtiéndose al Dios de Israel. Leon Morris dice: "Ruth no era simplemente una extranjera. Estaba unida con suma devoción a una suegra israelita y era, además, conversa a la religión judía."[22] Russell Norman Champlin dice que Ruth fue un ejemplo vivo de la verdad que la participación en el Reino de Dios no depende de la carne y la sangre, sino de la obediencia a la fe (Romanos 1:5). Ruth aceptó de todo corazón al pueblo de Dios y al Dios del pueblo de Israel. Dios la aceptó y la convirtió en antepasado del mismo Salvador del mundo.[23]

Los estudiosos incluso piensan que el libro de Ruth fue escrito para combatir las tendencias exclusivistas de algunos judíos que consideraban a todos los demás hombres excluidos de la esfera del cuidado e interés de Dios. Estos eruditos entienden que así como Jesús contó la parábola del samaritano para derrocar la arrogancia y la altivez de los judíos exclusivistas, Ruth fue escrita para alabar como heroína a una moabita que se convertiría en antepasado del gran rey David. También hay otros eruditos que incluso sugieren que el libro es una protesta contra la legislación de

---

[22] Morris, León. Ruth, 2006: pág. 224.
[23] Champlin, Russell Norman. El Antiguo Testamento interpretado versículo a versículo, 2001: p. 1093.

Esdras y Nehemías respecto al matrimonio mixto.[24] Rechazamos esta idea que el libro sea una polémica contra Edras y Nehemías, pero enfatizamos que Ruth fue aceptada en la congregación del pueblo de Dios no porque fuera moabita, sino porque era prosélito.

Champlin, enfatizando la universalidad del amor de Dios, afirma que aunque hubo una nación elegida (Is 19:24), el Mesías serviría también de "[...] luz a las naciones" (Is 49:6). Y el pueblo escogido de Israel vino a existencia precisamente para hacer esa luz más brillante y más efectiva. Los libros de Jonás y Ruth, por lo tanto, actúan como si fueran extractos de Juan 3:16 del Antiguo Testamento.[25]

En tercer lugar, el poder del amor es más fuerte que los golpes más duros de la vida. Este libro es un estandarte que ondea en el mástil de la Historia la verdad que el amor es más fuerte que la muerte y que no todas las aguas del océano de la adversidad podrán borrarlo. El amor de Ruth por Noemí es un faro que sigue brillando en la Historia y continúa para iluminar el camino de la humanidad.

Ruth hace una declaración de amor a su suegra que trasciende los votos de amor más fervientes entre amantes (1:16,17). Hace un juramento de amor a una suegra extranjera, anciana, viuda, pobre e indefensa. Ella va con su suegra a un destino desconocido sin promesas o garantías. El amor es el único vector que dirige sus pasos.

Además, esta hermosa novela habla elocuentemente sobre las obligaciones piadosas dentro de la familia. Todo el libro gira en torno a la familia. En cuarto lugar, la amistad es el fundamento sobre el cual es necesario construir las relaciones. La amistad de Ruth con Noemí es un oasis en medio del desierto. Ruth y Noemí disipan el mito que la relación entre nuera y suegra está

---

[24] Morris, León. Ruth, 2006: pág. 224.225.
[25] Champlin, Russell Norman. El Antiguo Testamento interpretado versículo a versículo, 2001: p. 109.

necesariamente llena de tensión. Uno de los temas principales del libro es la amistad. La devoción que Ruth tiene por Noemí y el cuidado de Noemí por Ruth se encuentran a lo largo de todo el libro, dice Leon Morris.[26]

Ruth y Noemí establecieron una alianza de amor ante las circunstancias más adversas. Sembraron semillas en la vida de los demás. Cultivaron una relación de lealtad y cuidado mutuo. Ruth se convierte en amiga e hija de su suegra. Ella se convierte en la proveedora de su suegra y su suegra se convierte en su consejera. La Biblia dice: "En todo tiempo ama el amigo; pero en la adversidad nace el hermano" (Pr 17:17). Ricardo Gondim cuenta la triste historia del ex dictador filipino Ferdinando Marcos y su esposa Imelda Marcos como patéticos ejemplos de desprecio por la amistad. Esta pareja adinerada vivía con ostentoso lujo en el Palacio de Malacagna en Manila. Es un político famoso, un cuerpo atlético, un cazador de leones; ella era una mujer vistosa que estaba orgullosa de su colección de 1.500 pares de zapatos. Hoy, el palacio se ha transformado en museo. En los últimos días del dictador, el palacio se transformó en una especie de UCI. En cada rincón del palacio había un tubo de oxígeno. Ferdinando Marcos estaba muriendo lentamente. Su cama era una cama de hospital y su silla era un retrete adaptado. Estaba solo dentro del palacio, temiendo a todos los que estaban afuera. Aquel matrimonio que había saqueado las arcas públicas y desviado fortunas a los bancos de Sufrá blindó todas las ventanas y paredes del palacio que daba a la manzana. No tenían amigos, sólo cómplices y subordinados.[27]

En quinto lugar, la generosidad y la conducta irreprochable siempre serán recompensadas. El destino victorioso de Ruth se plantó en el suelo de su vida intachable y de su amor desinteresado. Su conducta impecable y su encendido amor por su suegra le

---

[26] Morris, León. Ruth, 2006: pág. 225.
[27] Gondim, Ricardo. Cree en la posibilidad de la victoria, 1995: p. 9.10.

abrieron puertas y allanaron el camino de su felicidad conyugal (2,11,12; 3,11). La abundante siembra que hizo Ruth en la vida de su suegra fue recompensada. Su matrimonio con un hombre piadoso y rico fue la recompensa por la inversión que hizo en la vida de su suegra. La virtud nunca queda sin recompensa. Quien siembra, incluso con lágrimas, recoge sus frutos con alegría. El que siembra en abundancia, en abundancia cosechará. Si la recompensa no se recibe en la tierra, ciertamente estará a salvo en el cielo.

En sexto lugar, una verdadera amistad no se disuelve en la adversidad ni se debilita en la prosperidad. Ruth no fue fiel a su suegra sólo en tiempos de escasez y pobreza. También continuó invirtiendo en la vida de su suegra después de casarse con un hombre rico (4:13-17). Las mismas mujeres de Belén le dijeron a Noemí que Ruth era mejor que siete hijos (4:15). Ruth no descartó a su suegra cuando ya no la necesitaba. Ruth continuó honrando a su suegra, incluso después de tener un marido rico y haber dado a luz a un hijo prometedor. Su amistad no fue una relación utilitaria y de conveniencia. Su amor no fue sólo de palabras, sino de hecho y en verdad.

Séptimo, cuando nuestros recursos se agoten y nos volvemos totalmente indefensos, Dios nos señala un redentor. Uno de los temas centrales del libro de Ruth es la redención.[28] Boaz es un símbolo de Cristo, nuestro redentor (4:9,10). Cristo nos redimió, pagó nuestra deuda y nos compró para Él. Ahora somos su propiedad exclusiva. Nosotros le pertenecemos a Él y Él a nosotros. Su provisión nos pertenece. Sus riquezas son nuestra herencia. Su justicia son nuestras vestiduras blancas.

Champlin expresa esta verdad así: Boaz y el gran tipo del Redentor, en el libro de Ruth. La redención es el concepto central del libro. El término hebreo correspondencia, en sus diversas

---

[28] Champlin, Russell Norman. El Antiguo Testamento interpretado versículo por versículo. Vol. 2. Editorial Hagnos. Sao Paulo, SP, 2001: p.1092.

formas, aparece no menos de 23 veces en el libro. Ese término es *gaal*. Boaz hace esto públicamente, en la puerta de la ciudad, ante testigos.[29]

En octavo lugar, las tragedias humanas nunca pueden anular los propósitos soberanos de Dios. El libro de Ruth es esencialmente un libro sobre la soberanía de Dios.

La implicación a lo largo de la obra es que Dios está velando por su pueblo, haciendo que les suceda lo bueno. El libro trata sobre Dios. Él gobierna sobre todas las cosas y bendice a quienes confían en Él, dice Leon Morris.[30]

Los errores de la familia de Elimelec al tomar el camino de escape en un momento de crisis, en lugar de afrontar la crisis; la decisión de huir de la casa del pan, en lugar de clamar a Aquel que tiene pan en abundancia, no anuló el propósito soberano del Eterno.

La muerte de Elimelec, Mahlón y Quilión no frustró los planes de Dios. La viudez y la pobreza de Noemí no cerraron la puerta de la divina providencia. La amargura existencial de Noemí no detuvo el brazo de Dios de abrir las ventanas del cielo. El matrimonio de Mahlón con una mujer pagana no frustró el propósito del Eterno de convertir su alma al Dios de Israel y ser abuela del gran Rey David y uno de los antepasados del Mesías.

En medio de una noche oscura, Dios estaba escribiendo uno de los capítulos más apasionantes de la historia. En medio de la tragedia humana, se estaban estableciendo los propósitos soberanos de Dios. Ricardo Gondim escribió: "Espera con confianza en Dios y el despliegue del mosaico de tu vida finalmente tendrá sentido."[31]

---

[29] Champlin, Russell Norman. El Antiguo Testamento interpretado versículo por versículo. Vol. 2, 2001: pág. 1093.

[30] Morris, León. Ruth, 2006: pág. 226.

[31] Gondim, Ricardo. Cree en la posibilidad de la victoria, 1995: p. 10.

Capítulo 2
La saga de una familia

(Rt 1:1-22)

El libro de Ruth describe con colores fuertes el drama de una familia. David Atkinson dice que el libro de Ruth trata sobre un hombre, su familia y su destino. Nos recuerda que el Dios de las naciones también está interesado en las cosas comunes relacionadas con "un" hombre.[32] El mismo escritor también dice que el interés de Dios en el destino de un hombre en los días en que los jueces juzgaban debería recordarnos que incluso nuestros la mayoría de las cosas ordinarias son importantes para Dios y encajan en Su cuidado todopoderoso.[33]

En la oscuridad de circunstancias adversas, esta familia de Belén abandonó su tierra en busca de refugio y encontró la muerte. Salió de la casa del pan en busca de supervivencia y encontró la tumba. Huyeron del hambre, pero no pudieron escapar de la muerte.

A modo de introducción, destacamos tres puntos:

En primer lugar, cuando falta liderazgo espiritual, la gente se desespera (1.1). Este episodio ocurrió en los días en que los jueces dominaban. Los jueces eran hombres levantados por Dios para ser

---

[32] Atkinson, David. Un mensaje de Ruth. ABU Editora. São Paulo, SP, 1991: p. 31.
[33] Atkinson, David. Un mensaje de Ruth, 1991: p. 32.

los libertadores de la nación en tiempos de opresión.[34] Esta era una época de inestabilidad política, opresión económica, corrupción moral y apostasía religiosa. "En aquellos días no había rey en Israel; cada uno hacía lo que le parecía correcto" (Oz 21:25).

El pueblo estaba sin liderazgo y sin referencias. Aunque no podemos afirmar categóricamente en qué período de los judíos tuvo lugar este episodio, C. F. Keil dice que este tiempo de hambruna probablemente ocurrió durante el período de siete años de la invasión de los madianitas, cuando los productos de la tierra fueron destruidos (Oz 6,1-6).[35] En segundo lugar, ando llega la crisis, huir no siempre es la mejor opción (E. 1). Warren Wiersbe dice que cuando surgen problemas en nuestra vida, podemos hacer una de tres cosas: soportarlos, huir de ellos o utilizarlos a nuestro favor. Elimelec tomó la decisión equivocada cuando decidió huir y abandonar su tierra.[36]

Elimelec decidió sacar a su familia de Belén y emigrar a Moab. Había hambre en Belén, la Casa del Pan. Belén estaba haciendo publicidad engañosa. Su nombre era mentira. Los graneros de Belén estaban vacíos. La Casa del Pan estaba desprovista de pan. Había hambre en la Casa del Pan.

En lugar de esperar en Dios y enfrentar la crisis, Elimelec huyó para salvar su vida y, en su huida, encontró la muerte misma. Elimelec perdió la vida buscando sobrevivir; encontró la tumba donde buscaba un hogar. Podría haber evitado los dardos del

---

[34] Cundall, Arthur E. y Morris, Leon. Jueces y Ruth: Introducción y comentario. Vida Nova. São Paulo, SP, 2006: p. 230.

[35] Keil, C. F. y Delitzsch, F. Commentary on the Old Testament. Vol. 2. William B. Eerdmans Publishing House. Grand Rapids, Michigan, 1980: p. 470.

[36] Wiersbe, Warren W. Comentario bíblico expositivo. Vol. 2, 2006: p. 174.

hambre en Israel, pero no pudo evitar las flechas de la muerte en Moab.[37]

En lugar de centrarse en las necesidades espirituales, se centró en las necesidades físicas.[38] Buscó refugio en la tierra de la opresión en lugar de buscar alivio bajo las alas del Dios omnipotente. Plantó su casa en Moab, y Moab fue su sepultura. Buscó seguridad para sus hijos en Moab, y Moab se convirtió en guarida para sus hijos.

La huida de Elimelec a Moab es extraña e injustificable. Moab estaba en una meseta al este del Mar Muerto, a unas cincuenta millas de Belén. Los moabitas eran descendientes de Lot. Se volvieron idólatras y por lo tanto no deberían ser admitidos en la congregación de Israel, (Dr 2:9; 23:3-6; Jz 11:17). Los moabitas eran adoradores de Chamos, un dios al que hacían sacrificios humanos. Además de idólatras, los moabitas también eran opresores, porque ya habían oprimido a Israel, cuando Eglón, rey de Moab, invadió la tierra de los israelitas y mantuvo al pueblo de Israel en esclavitud durante dieciocho años (Jueces 3:12-30). ¡Gracias a Dios que su misericordiosa providencia no está limitada por la locura del hombre! La divina providencia cubre incluso nuestros pecados.[39] Dios, en su providencia soberana, transformó esa saga de dolor y sufrimiento en una fuente de esperanza para el mundo.

En tercer lugar, cuando falta pan en la Casa del Pan, la solución no es abandonar la Casa del Pan, sino buscar a Aquel que tiene mucho pan. En algunas circunstancias puede ser necesario escapar. Por ejemplo, cuando se trata de enfrentar las tentaciones del sexo, la Biblia nos dice que huyamos (2 Tim 2:22).

---

[37] Baxendale, Walter. Comentario homilético completo del predicador sobre el libro de Ruth, 1996: p. 21.

[38] Wiersbe, Warren W. Comentario bíblico expositivo. Vol. 2, 2006: pág. 174.

[39] Atkinson, David. El mensaje de Ruth, 1991: p. 33,34.

Sé fuerte y huye. José de Egipto esquivó las seductoras propuestas de la esposa de Potifar, y cuando ella lo agarró, huyó (Génesis 39:12). Sin embargo, en otras circunstancias, huir puede ser un gesto tonto y peligroso. Como hemos visto, Belén significa "Casa del Pan" o "granero."[40] Cuando falta pan en la Casa del Pan, la solución no es abandonar Belén, sino esperar la intervención de Dios. Habían perdido el don del pan, pero no habían perdido al Dador del pan. Cuando falta el pan espiritual en la iglesia, la solución no es abandonar la Casa de Dios, sino buscar a aquel que pueda restaurarnos y darnos pan en abundancia. Examinemos el primer capítulo del libro de Ruth, siguiendo la saga de esta familia. Sus nombres son significativos. En la forma de pensar hebrea, conocer el nombre de una persona y conocer su carácter, conocer la persona, el nombre y la persona.[41] Leon Morris dice que los nombres, en la antigüedad, reflejaban profundas convicciones religiosas.[42]

Elimelec significa "mi Dios y rey." David Atkinson cree que la mención de este nombre es una censura a su falta de dependencia y confianza en Dios. Elimelec llevó a su familia a huir de la Casa del Pan, a una tierra idólatra, mientras que él debería haber llevado a su familia a buscar a Dios en el tiempo de crisis. No estuvo a la altura de su nombre.[43]

Noemí significa "amable, encantadora, agradable." Ante las desgracias sufridas en Moab, al regresar a Belén diez años después, cambió de nombre, diciendo a sus vecinos: "[...] llamadme Mara, porque el Todopoderoso me ha dado gran amargura" (1:20).

---

[40] Cundall, Arthur E. y Morris, León. Jueces y Ruth: Introducción y comentario, 2006: pág. 232.
[41] Atkinson, David. El mensaje de Ruth, 1991: p. 34.
[42] Cundall, Arthur E. y Morris, León. jueces y Ruth: Introducción y comentario, 2006: p. 233.
[43] Atkinson, David. El mensaje de Ruth, 1991: p. 34.

Malom parece estar ligado a una raíz cuyo significado es "estar enfermo"; y Chiliom significa algo así como "debilitar" o "marchitar", o incluso "aniquilación."[44]

Orfa significa "firmeza" y Ruth, "amistad."[45] Estos nombres retratan la vida de sus personajes.

Tres verbos resumen esta saga: se fue (1:1), regresó (1:6) y llegó (1:19). Examinemos estas tres fases en el viaje de esta familia.

Dejar Belén, una elección peligrosa (1:1-5).

Destacamos tres puntos importantes para nuestra reflexión:

En primer lugar, una familia afectada por el drama de pobreza (1:1). La fama llegó a Belén y afectó a todos. Posiblemente, como ya hemos dicho, este hecho ocurrió en el período de Gedeón, cuando los madianitas dominaban a Israel y saqueaban su tierra. La opresión de los madianitas se convierte en la vara de disciplina de Dios para su pueblo voluble y rebelde. Nadie escapó de esta amarga situación. Incluso las familias más ricas de Belén sufrieron las dolorosas consecuencias de este despiadado saqueo por parte de los madianitas.

Llegó el hambre y era desesperante. El hambre atormentó a la familia de Elimelec y él, sin consultar a Dios, partió en busca de refugio en Moab. Victor Frankl dice que la comida, no la libertad, era el principal problema en los campos de concentración nazis.

En segundo lugar, una familia afectada por el drama migratorio (1:2). Elimelec y Noemí con sus dos hijos, Mahlón y Quelión, huyeron de Belén y se dirigieron a Moab. Huyeron de la crisis en lugar de afrontarla. Buscaron refugio en una tierra extranjera en lugar de enfrentarla en su propia tierra. Nunca es prudente huir. Huir en tiempos de crisis es una temeridad peligrosa. Buscar refugio bajo las alas de otra nación puede no ser una

---

[44] Atkinson, David. El mensaje de Ruth, 1991: p. 35.

[45] Cundall, Arthur E. y Morris, León. Jueces y Ruth: Introducción y comentario, 2006: p. 234,235.

decisión segura. La inmigración puede traer más dolor que alivio, más lágrimas que consuelo, más pérdidas que ganancias, más muerte que vida. La mayoría de los inmigrantes hoy todavía sufren muchas pérdidas dentro de la familia. Hay familias dolidas y enfermas. He hablado con decenas de inmigrantes en Estados Unidos y Canadá y el dinero que algunos de ellos ganan no compensa el fracaso de la familia. La seguridad económica que logran no cubre los vacíos emocionales generados por el colapso de la familia.

Los hombres están perdiendo la capacidad de afrontar las crisis. Es más fácil escapar, pero también es más peligroso. Muchos ya no saben cómo gestionar una crisis en el matrimonio y prefieren escapar por las puertas traseras del divorcio. Hay quienes ya no saben cómo afrontar las tensiones familiares. Se pelean y se separan ante la señal de la primera tormenta. Deshacen sus votos de compromiso ante el primer desacuerdo. Muchos no saben cómo afrontar una crisis en la iglesia y prefieren abandonar la Casa del Señor antes que buscar una solución en Dios.

En tercer lugar, una familia afectada por el drama de las sucesivas pérdidas (1:3-5). En Moab, Elimelec, Mahlón y Quilión no encontraron supervivencia, sino muerte. La muerte no respeta edad, fuerza ni belleza. Se lleva tanto a los viejos como a los jóvenes. Noemí quedó viuda, pobre, sin hijos y en tierra extraña. Cosecharon pan y encontraron la tumba. Intentaron escapar de la crisis y se encontraron cara a cara con ella.

Noemí sufrió las pérdidas más profundas y sucesivas. Dejó Belén por bienes materiales, objetos. Sin embargo, en Moab perdió no sólo cosas, sino también personas. No sólo perdió gente, sino que perdió a las personas más importantes de su vida. No sólo perdió dinero, sino también relaciones. No sólo perdió lo superfluo, pero imprescindible. Además de perder a los tres hombres de su familia, Noemí se quedó sin ningún heredero que pudiera continuar con su herencia. ¡Sus hombres murieron, y con ellos sus nombres![46]

El marido y los hijos de Noemí murieron prematuramente. Abraham murió a una edad avanzada; Job, antes de morir, vio a sus hijos, nietos y bisnietos. La muerte de una persona joven tiene un tono de tragedia. Desde la perspectiva humana, la muerte llegó demasiado pronto en las vidas de Elimelec, Mahlón y Quiliom. Se saltaron la cola y dejaron a Naomi indefensa.

Noemí enfrentó el drama de la soledad en Moab. Se quedó sola en una tierra extraña. Ya no tenía edad suficiente para volver a casarse. No había nadie más a quien recurrir. Ni siquiera tenía un familiar con quien buscar ayuda. No tenía marido ni hijos. No tenía parientes ni dinero. Estaba absolutamente sola, sin hogar, sin marido, sin hijos, sin amigos, sin esperanza, sin herencia.

La salida de esta familia de Belén en un momento de crisis advierte sobre tres cuestiones fundamentales:

Enfrentar las crisis es mejor que lidiar con ellas.

Todos huyeron de Belén durante la hambruna. La huida no fue la única vía de escape. Esta familia se apresuró a buscar una solución inmediata. Eligieron el camino más fácil. Sin embargo, este camino se convirtió en el más amargo, el más doloroso. Incluso hoy en día, la confrontación es mejor que la huida. Los soldados de Saúl, por mirar a Goliat con gafas pesimistas, huyeron durante cuarenta días, empapados de miedo, con las piernas temblorosas y las manos flácidas, pero David no miró a la altura del gigante ni a su insolencia, sino a la omnipotencia de Dios. ¡Por lo tanto, avanzó contra Goliat y prevaleció!

Los planes humanos fuera de la voluntad de Dios se ven frustrados. Tomar decisiones sin consultar 1a Dios y sin seguir Su guía es tomar decisiones que conducirán al desastre. Elegir los caminos más fáciles en tiempos de crisis no siempre es la decisión

---

[46] Atkinson, David. El mensaje de Ruth, 1991: p. 38.

más segura. Nuestra confianza debe estar en el proveedor más que en la prestación. Cuando las cosas nos fallan, debemos regocijarnos en Dios como el profeta Habacuc (He 3:15-17). El dinero no es un refugio seguro. Él no nos libra de la enfermedad ni de la muerte.

Las decisiones apresuradas nos frenan más de lo que nos gustaría. Esta familia se fue para escapar de una crisis, pero esta vez fue más larga de lo que planeaban. Leon Morris dice que el uso del verbo hebreo *gur*, "salió", denota que el hombre planeaba regresar a su debido tiempo. Es la palabra derecho a designar un residente extranjero.[47] Ese fue tiempo suficiente para que la enfermedad y la muerte visitaran la casa de Noemí tres veces. Noemí permaneció en Moab por casi diez años (1:46). Durante ese tiempo, acumuló sucesivas pérdidas, tragedias tras tragedias.

El libro de Ruth, a pesar de describir con colores fuertes los sucesivos desastres que cayeron sobre Noemí, también revela que Dios nunca desperdicia sufrimiento en la vida de su pueblo. El sufrimiento de Noemí parece insoportable, las circunstancias parecen injustas y las preguntas sin respuesta. En estos tiempos, necesitamos aprender a descansar en la providencia amorosa del Eterno, dejando en manos de Dios las dificultades, incluso sin recibir respuesta, sabiendo que "detrás de cada providencia fruncida, se esconde un rostro sonriente."

El regreso a Belén, una mezcla de dolor y esperanza (1:6-18)

Aquí hay que destacar cinco verdades:

En primer lugar, un recordatorio muy esperanzador (1:6). En su ira, Dios recuerda la misericordia. La misma mano que hiere, también sana. El mismo Dios que disciplina, también restaura. El mismo Dios que envía el hambre, también envía pan como gesto de su gracia. La crisis no dura para siempre. En medio de la crisis, Dios señala una salida y se acuerda de su pueblo para restaurarlo. El

---

[47] Cundall, Arthur E. y Morris, León. Jueces y Ruth: Introducción y comentario, 2006: p. 231.

valle de amenaza se convierte en el valle de bendición. El valle árido, el valle de Baca, el valle del choro, se convierte en manantial. El texto bíblico dice: "Entonces ella y sus nueras partieron y regresaron de la tierra de Moab, porque oyó allí que el Señor se había acordado de su pueblo dándoles pan" (1:6).

David Atkinson afirma correctamente que las noticias que recibió Naomi no se expresan en términos como: "el tiempo ha mejorado", o "ha habido un cambio económico", o "la amenaza de invasión extranjera ha desaparecido." La noticia llegó a Noemí en cuanto a la acción del Señor.

La comida que ahora existía en Belén y que era entendida por Noemí como regalo de Dios.[48]

Noemí escuchó que Dios había visitado a Su pueblo y creyó. El hecho que Dios visitó a Su pueblo es la razón más importante por la que los que están lejos se vuelvan a Él. Los grandes avivamientos espirituales tuvieron lugar cuando Dios visitó a Su pueblo, y luego los dispersos regresaron a la Casa del Pan.

En segundo lugar, una despedida muy dolorosa (1:6-14). Noemí perdió lo que había llevado a Moab y ahora está a punto de perder todo lo que encontró en Moab, sus dos nueras. Se despide de las únicas personas que aun formaban parte de su vida. Se despide de las únicas personas que podrían darle esperanza: la descendencia.

Está rompiendo lazos sumamente importantes en la vida. Ella está desconsolada. Sabe que no tiene nada que ofrecer ni nada que reclamar. Perdió a su marido y a sus hijos sin poder hacer nada. Ahora renuncia voluntariamente a sus nueras. Su historia está marcada por pérdidas involuntarias y voluntarias.

Noemí se despide de sus nueras, llamándolas hijas y orando por ellas. Invoca al Dios de la alianza, utilizando el nombre de Yavé. Les agradece su lealtad y pide a Dios su misericordia para con ellos.

---

[48] Atkinson, David. El mensaje de Ruth, 1991: p. 40.

Pide a Dios prosperidad y felicidad para sus nueras; es decir, un nuevo matrimonio, única alternativa abierta a mujeres viudas.

En medio de todos los dramas vividos en Moab, Noemí tuvo una profunda amistad con sus nueras. Se unieron a Noemí no por intereses subordinados, sino por amor. Querían acompañarla, a pesar que Naomi no podía darles nada a cambio. Durante esta despedida hubo besos y lágrimas (1:9,14). Dos veces gritaron en voz alta (1:9,14). No ocultaron sus emociones y sus sentimientos, ni Noemí ocultó su desgracia.

En tercer lugar, una justificación muy realista (1:8-13). Noemí no sólo se despide de sus nueras, sino que justifica su absoluta imposibilidad de acompañarla a Belén. Enumera dos razones por las que sus nueras no pudieron ir con ella:

Ella ya era demasiado mayor y no tenía nada que ofrecer a sus nueras (1:12). Noemí se siente más como una carga para sus nueras que como un proveedor. Era una viuda pobre, sin hijos y demasiado mayor para volver a casarse y tener otros hijos que pudieran casarse con sus nueras. Ya no tiene futuro, sólo un pasado de dolor. La palabra traducida "viuda" no sólo indica la muerte del marido, sino también de la saga de una familia, idea de soledad, abandono e impotencia. [49] Las viudas eran generalmente mencionadas junto con los huérfanos y los extranjeros.

Ya no tenía hijos y no podía ofrecer la felicidad de un hogar a sus nueras (1:9,12,13). En aquel tiempo, cuando un hermano moría sin dejar descendencia, el hermano menor debía casarse con la viuda para crear una descendencia al difunto, para que su memoria no fuera borrada de la tierra. Las nueras de Noemí quedaron viudas y sin hijos. Noemí; sin embargo, no tuvo más hijos con quienes casarse. No sólo era demasiado mayor para volver a

---

[49] Brown, C. Diccionario de Teología del Nuevo Testamento. Vol. 3. Edic,:Vida Nova. São Paulo, SP, 1983: p. 348.

casarse, sino que incluso si fuera posible, sus nueras no podían esperar tanto para tener un marido.

En cuarto lugar, un amargor muy suave (1:13). Noemí no sólo sufrió pérdidas materiales y humanas, sino que también sufrió grandes pérdidas espirituales. Se siente injustificada por Dios. Ella se ve a sí misma como una víctima no del enemigo, sino de Dios. Le atribuye toda la tragedia que ocurrió con ella a Dios. Ella ve a Dios como su enemigo. Ella, como Job, entendió que Dios era quien dirigía todo para atormentar su vida. Ella responsabilizó a Dios por su tragedia. Estaba enojada con Dios. No sólo era una viuda anciana, pobre y sin hijos, sino que también estaba amargada contra Dios.

Noemí no se rindió a los dioses paganos de Moab, pero, por otro lado, no tuvo una comprensión lúcida del Dios de Israel. Sabía que las cosas no sucedían por casualidad ni por un determinismo ciego. Ella creía en la soberanía de Dios, pero su concepción de Dios estaba fuera de foco. Vio a Dios como un enemigo que estaba contra ella y que ponía su mano sobre ella.

El corazón de Noemí estaba lleno de dolor. Ella atribuyó todo su sufrimiento a Dios. Noemí hizo cinco declaraciones, pensamientos pesados sobre Dios. Primero, ella declaró en voz alta y clara que Dios había descargado Su mano sobre ella (1:13). En segundo lugar, ella dijo gráficamente que Dios le dio gran amargura (1:20). En tercer lugar, dijo que Dios la hizo pobre (1:21). Cuarto, dijo que el Todopoderoso la había afligido (1:21). Quinto, dijo que Dios habló en contra de ella (1:21).

En quinto lugar, una declaración de amor muy especial (1:14-18). Ante la insistencia de Noemí, huérfana regresó a su pueblo y sus dioses (1:15), pero Ruth estaba dispuesta a seguir a su suegra a la tierra de Belén. La misma causa inducida se fue, y Ruth se quedó; es decir, el hecho que Noemí ya no tenía hijos ni marido. La primera quiere volver a ser esposa; la otra, seguir siendo hija.[50]

Ruth hace una hermosa declaración de fidelidad, determinación y compromiso con el amor. Ruth quiere compartir el futuro de Noemí: su camino, su casa, su fe. Y la promesa de una sincera fidelidad en la vida y para la vida, y la expresión de amor y compromiso en el camino, en el hogar, en la familia, en la vida y en la muerte. Ella se convierte al Dios de Noemí y lo invoca para confirmar su juramento. [51] Destacamos aquí, algunos puntos importantes sobre el amor de Ruth:

La relación marcada por el amor es lo más importante que las cosas (1:1-46). La Biblia dice que Ruth se encariñó con Noemí. Su amistad con su suegra no era egoísta. La relación se había construido sobre los sólidos cimientos del amor y no sobre las arenas movedizas de los intereses: la fuerza es más fuerte que la muerte. Ni los ríos pueden ahogarte.

El amor es guerrero y combativo, todo lo sufre, todo lo soporta, todo lo espera, todo lo supera, el amor nunca termina.

Una relación marcada por el amor no se rinde de dificultades (1:15). Ruth le dijo a Noemí: "No me incites a dejarte ni me obligues a no seguirte..." (1:16).

La saga de una familia cariñoso y paciente. No retrocede ante las dificultades. Es firme en su propósito. No se inclina ante la gente, razona lógicamente. Ningún argumento utilizado por Noemí disuadiría a Ruth de seguirla: el amor llega a extremos para estar al lado del ser amado.

La relación marcada por el amor está dispuesta a hacer nuevos paseos (1:16). Ruth dijo: "[...] porque a donde tú vayas, yo iré, y donde tú desembarques, allí desembarcaré yo...." El amor no

---

[50] Cundall, Arthur E. y Morris, León. Jueces y Ruth: Introducción y comentario, 2006: p. 243.

[51] Atkinson, David. El mensaje de Ruth, 1991: p. 50.

exige nada. Está dispuesto a afrontar nuevos retos. Se sacrifica en favor de la persona que ama. Ruth está dispuesta a dejar su tierra, su familia, su religión, para caminar en compañía de su suegra, sin garantías de mañana.

La relación marcada por el amor está dispuesta a asumir nuevos compromisos (1:1-66). Ruth le dice a Noemí: "[...] tu pueblo es mi pueblo, vuestro Dios es mi Dios." Ruth estaba lista para iniciar nuevas relaciones con los hombres y con Dios. Está dispuesta a hacer rupturas con el pasado y nuevas alianzas con el futuro. Está dispuesta a dejar su tierra y sus dioses para abrazar al pueblo de Dios y al Dios de ese pueblo. Ruth no sólo ama a su suegra, sino que se convierte al Dios de su suegra y adopta al pueblo de su suegra como su gente.

La relación marcada por el amor es una alianza que nunca podrá romperse (1:17). Ruth le dice con valentía a Noemí: "Donde tú mueras, yo moriré y allí seré sepultada..." El compromiso del amor no se extingue con la muerte. Ruth no se retractará de su pacto después de la muerte de su suegra. Ella nunca había regresado a su tierra natal y sus dioses primitivos, incluso si su suegra muere. Su alianza con tu suegra es definitiva. Ella está dispuesta a seguir a Naomi y cortó todos los puentes en el pasado.

La relación marcada por el amor tiene la valentía de hacer juramentos solemnes (1:1-76). Ruth termina su discurso con Noemí así: "[...] el Señor puede hacer conmigo lo que quiera, si nada más que la muerte me separa de ti." Ruth no sólo hace promesas, sino que las hace bajo juramento. Ella no sólo hace un juramento con promesas, sino que lo hace en presencia de Dios. Ella promete su palabra y pone en ella el signo de su juramento. Establece una alianza y garantiza la perpetuidad de este pacto.

Llegada a Belén, tiempo de recompensa (1:19-22) después de diez años produjo profundos sentimientos en la gente de la ciudad y en su propio corazón. Destacamos tres hechos:

En primer lugar, una conmoción general (1:19). La llegada de Noemí y Ruth a Belén llamó la atención de toda la ciudad. Ganaron notoriedad no por el éxito alcanzado en Moab, sino por las tragedias vividas en esos lugares. Toda la ciudad se conmovió al ver que la cosecha había sido exitosa y había regresado pobre. Safra se casó y regresó viuda. Safra con dos hijos y solo regresó con un certificado de defunción de ambos.

Lo que causa asombro y conmoción en Belén es el regreso de Noemí después de tantas pérdidas, de tantas tragedias, de tantos desastres.

Segundo, un lamento personal (1:20,21): el primer acto de Noemí en Belén fue cambiar su nombre. Ya no quería que la llamaran Noemí, "agradable, feliz", sino Mara, "amargura", pero, ya no quería llevar un nombre que fuera la negación de toda su dolorosa experiencia.

Vivió en Moab. Miró al pasado y ya no tenía motivos para ser feliz.

El lamento de Noemí está dirigido contra Dios. Las tragedias que cayeron sobre su vida tuvieron una causa, o mejor dicho, un efecto. Ella atribuyó toda su información a Dios. Dijo que Dios no le había dado felicidad, sino amargura (1:20). Dios no le había dado felicidad y prosperidad, sino pobreza (1:21). Dios no estaba con ella, sino contra ella (1:21). Dios no consolaba, sino afligía su vida (1:21). Para Noemí, el Dios todopoderoso usará su poder no para ayudarla, sino para hacerla amargada e infeliz.

Leon Morris dice que Naomi no piensa en la suerte ni en la obra de los dioses paganos. Está segura que su Dios está por encima de todo, de modo que la explicación de las cosas amargas que ha experimentado debe ser con Él. El nombre que usa para Dios es *Shaddai*, "Todopoderoso." Noemí está pensando en el poder irresistible de Dios.[52] Se sentía prisionera de Dios y su porción era la copa del sufrimiento.

En tercer lugar, una providencia especial (1:22). A pesar de las circunstancias adversas y de los sentimientos turbulentos de Noemí, ella llegó con su nuera Ruth a Belén exactamente al comienzo de la cosecha de la cebada (1:22). Aquí se abre un nuevo capítulo en la vida de estas dos supervivientes. La providencia ceñuda de la crisis mostrará el rostro sonriente de la gracia. La extrema pobreza de estas dos mujeres abrirá el telón a una nueva época de riqueza y felicidad para ambas. La propia mano de la providencia las había traído desde Moab para protagonizar una de las historias más bellas de toda la Biblia. La nuera extranjera sería su proveedora. La nuera moabita sería mejor para ella que siete hijos. La nuera moabita sería su hija, madre de su nieto, abuela del gran rey David y antepasado del Mesías (Mt 1:5).

Aprende a mirar la vida desde la perspectiva de Dios. Al examinar la saga de esta familia Belén, debemos aprender algunas lecciones:

Antes que nada, deja de quejarte de las adversidades y mira las cosas buenas que te están pasando (1:14-17). Noemí regresaba pobre a Belén, pero llevaba un equipaje muy pesado e incómodo. Estaba jadeando bajo el aplastante peso de la amargura. Estaba amargada por la vida y se rebeló contra Dios. Miró a su alrededor y no vio ningún signo de benevolencia. Vio todo a través de los lentes nublados del pesimismo. No pudo ver la amistad sincera de Orfa ni el amor encendido de Ruth. Estaban sucediendo cosas buenas en su vida, pero no tenía el tiempo ni las ganas de pensar en ellas.

En segundo lugar, deja de mirar a Dios como quien lucha contra ti; míralo como quien lucha por ti (1:20-22). Noemí estaba

---

[52] Cundall, Arthur E. y Morris, León. Jueces y Ruth: Introducción y comentario, 2006: p. 246.247.

amargada porque, aunque creía plenamente que Dios tenía el control de todas las cosas y que Él era Todopoderoso, pensaba que Dios estaba en su contra, no a favor de ella. Ella consideraba a Dios como su enemigo y su azote, y no como su refugio y consuelo. Ella pensó que Dios estaba trabajando en su contra, no a favor de ella.

Es posible que la vida le haya llevado a ti también caminos difíciles, pérdidas enormes, sufrimiento abrumador. Noemí perdió a su marido, a sus hijos, sus posesiones. Las tragedias se multiplicaron en su vida y cayeron sobre ella como una avalancha. Sin embargo, cuando todo parecía perdido y sin este sentido, Dios estaba escribiendo una hermosa historia en la vida de esta mujer. Esa familia estaba siendo criada para ser precursora del Mesías.

Cuando no puedes explicar lo que Dios está haciendo en tu vida, puedes entender que Dios es soberano, que Él te ama y que trabaja en el turno de noche para bendecirte, porque todas las cosas ayudan a mejorar tu dobladillo.

En tercer lugar, deja de aceptar prematuramente la declaración de derrota en tu vida (1:8). Noemí se despidió de sus nueras porque se dio cuenta que había llegado al final del camino, al fondo del pozo. Escribió su frase como una perdedora y pensó que el futuro estaba marcado por un fracaso irreversible. No consideres perdida la pelea en el primer round, temprano para entregar los puntos en la primera mitad del juego. Noemí entregó los puntos y se rindió antes que terminara la pelea. Ella pensó que todo había terminado. Sin embargo, aun no se había escrito el último capítulo de su vida. Dios aun revertiría el resultado de este juego. Espere un poco más y las cosas cambiarán.

Abraham esperaba ser padre de su hijo prometido a los 99 años. Posiblemente algunos lo tildaron de anciano viejo e ingenuo. Sin embargo, Abraham no fue un perdedor. Esperó contra toda esperanza y triunfó por la fe, convirtiéndose en padre de todos los que creen en el Señor. Moisés, después de estudiar cuarenta años en las grandes universidades de Egipto, pasó otros cuarenta años en el desierto. Cambió el cetro por el bastón, el palacio por las escarpadas montañas del Sinaí. Tal vez alguien lo tenga etiquetado como un perdedor, pero, con ese bastón en la mano, condujo al pueblo israelita hacia la libertad y, con un palo, hizo doblegar al imperio más grande del mundo. No quieren hablar de una persona cuyo último capítulo aun no ha sido escrito, que está dispuesta a tragarse sus palabras.

En cuarto lugar, dejen de limitar el poder de Dios; nunca pierdas la esperanza de un milagro (1:12). Noemí perdió la esperanza. Miró hacia el futuro y no vio ninguna luz al final del túnel. Ella sentía que su avanzada edad era una limitación absoluta para la intervención milagrosa de Dios.

Cuando una persona pierde la esperanza, se da por vencida, porque ya no encuentra un motivo para luchar. La esperanza es la fuerza que nos impulsa a seguir adelante. Mirar al futuro con esperanza y decir: "Mañana será mejor que hoy."

Un joven fotógrafo, al tomar una foto a un anciano, de 80 años, le dijo: "¡Pues a ver si celebramos los 100 años!" El anciano respondió: Y, por tu salud, estoy pensando que llegarás allí y podremos celebrarlo juntos."[53]

Hay un estudio en Estados Unidos que revela que las personas que se jubilan y se ponen el pijama y se ponen cómodas, viendo televisión, mueren al cabo de cinco años. El ser humano necesita motivación para vivir.[54]

Quinto, deja de pensar que por estar pasando por una prueba tu destino es más suave (1:20). Noemí pensó que el sufrimiento se había apoderado de ella de manera tan definitiva en su vida que éste era ahora su destino final. Incluso cambió su nombre para criar un monumento a su dolor. Aunque en este

---

[53] Gondim, Ricardo. Cree en la posibilidad de la victoria. Prensa Abba. São Paulo, SP, 1995: pág. 19.

[54] Gondim, Ricardo. Cree en la posibilidad de la victoria, 1995: p. 19.

mundo pasamos por las aflicciones, no estaba destinada a sufrir. El plan de Dios para su vida no es sufrimiento, sino dicha. Vuestras ligeras y momentáneas tribulaciones se convertirán en un eterno peso de gloria. Los sufrimientos del tiempo presente no pueden compararse con las glorias que aun están por revelarse en nosotros. No aceptes el fatalismo en tu vida. El mundo no está gobernado por leyes ciegas ni por el azar. El que gobierna los cielos y la tierra es el Padre de las luces, el Dios bendito y Padre de nuestro Señor Jesús, el Padre de misericordia, el que nos ama con amor eterno.

En sexto lugar, deja de mirar las tribulaciones de la vida como una maldición de Dios (1:13). Noemí asoció las tribulaciones con la maldición de Dios. Ella vio sus desventuras como resultado de la mano de Dios contra ella. Santiago dice: "Hermanos míos, tened por sumo gozo cuando paséis por diversas pruebas" (Santiago 1:2). La vida de Noemí no estaba bajo maldición. Noemí pensó que Dios estaba trabajando en su contra, cuando en realidad Dios estaba trabajando a favor de ella. Cuando empezamos a aceptar el fatalismo del sufrimiento, nos sentimos impotentes y apáticos.

Incluso cuando no encontramos explicaciones plausibles para nuestro sufrimiento, podemos decir por fe: "Sabemos que a los que aman a Dios, todas las cosas les ayudan a bien, esto es, a los que conforme a su propósito son llamados" (Romanos 8:28).

La relación automática entre sufrimiento y castigo de Dios fue una mala interpretación que hizo Noemí. A menudo, el sufrimiento no es una acción directa de Dios, sino una consecuencia directa de violar Su ley moral. Las declaraciones de Noemí que se había ido feliz, pero Dios la había hecho regresar pobre, que el Señor había hablado contra ella y el Todopoderoso la había afligido, no eran ciertas. Dejó de creer que Dios tenía el control de todas las cosas, trabajando para su bien, en lugar de trabajar en su contra.

El último capítulo de la historia de Noemí fue uno de victoria, gozo y esperanza: a. Noemí vio que sus descendientes cumplió el plan de Dios en la tierra. Cuando perdemos el control, Dios permanece en control. Cuando piensas, sabemos que Dios es indiferente a nuestro dolor, o incluso en contra de él.

¡Él abre la puerta de la esperanza y nos muestra que siempre ha estado obrando a nuestro favor!

Capítulo 3
Hambre en la Casa del Pan
(Rt 1,1-22)

Presentaré ahora un nuevo enfoque para este primer capítulo del libro de Ruth. Veámoslo desde la perspectiva del hambre en la Casa del Pan, haciendo una aplicación a la iglesia contemporánea.

El hambre es una experiencia dolorosa. Produce inquietud, desesperación e incluso la muerte. Sin embargo, el hambre es capaz de alimentarse de la propia muerte. Hace muchos años, un avión se estrelló en las heladas montañas de los Andes. Mucha gente murió. Los que escaparon de la muerte, sufriendo el frío y castigados por el hambre, se alimentaron de carne humana para sobrevivir. Sus compañeros de viaje se convirtieron en alimento. Para huir de la muerte, sobrevivieron gracias a la muerte de aquellas desafortunadas víctimas.

Estuve de visita en Corea del Sur en 1997. Al mismo tiempo que vi la riqueza y la prosperidad de ese típico tigre asiático, emergiendo de las cenizas y la destrucción de la guerra y la opresión, también vi la amarga miseria en la que se encontraba Corea del Norte. Dominada por la mano de hierro del dictador Kim Jong-II, esa nación todavía está inmersa en la más profunda desesperación económica. Mientras el gobierno vive en la más fastuosa pompa, el pueblo está plagado de pobreza abyecta. Al regresar de ese viaje, leí en Folha de S. Paulo, el 2 de mayo de 1997, que las autoridades sanitarias norcoreanas estaban tomando medidas drásticas para impedir que las personas que padecían hambre se comieran a sus propios muertos.

El hambre es peor que la muerte. Cuando Nabucodonosor atrincheró Jerusalén, los judíos vivían también esta dramática realidad. Jeremías llegó incluso a decir que los que morían a espada eran más felices que los que sucumbieron al hambre (Lm 4:9). El hambre mata poco a poco. Y tortura en cámara lenta. Ella apesta energía y elimina lentamente el oxígeno de la persona. El hambre duele. El hambre consume. El hambre mata.

Hay pan de sobra en el mundo, pero el desprecio de quienes tienen pan de sobra hacia los que tienen hambre es tan grande que todavía vemos rostros desfigurados por el hambre, niños hurgando en los cubos de basura de nuestras ciudades, compitiendo con los buitres y los perros enfermos un trozo de pan para paliar el hambre macabra. Mientras una minoría se da un banquete abundante, todavía somos testigos del doloroso espectáculo de niños y ancianos con el vientre hinchado, el cuerpo demacrado y la piel perforada por las costillas, con los ojos apagados y el corazón desesperado, disparado por el dolor del estómago vacío.

Millones de personas mueren cada año en el mundo víctimas del hambre. Otros viven con el estómago lleno de harina y agua, pero están desnutridos. No pocos tienen pan, pero con escasez. Leí acerca de una familia numerosa en el interior de Brasil que pasó una semana entera comiendo solo un kilo de frijoles. Todos los días cocinaban los mismos frijoles, bebiendo sólo el caldo.

El hambre es una realidad universal. Ha castigado al ser humano desde el inicio de la humanidad, y es una de las marcas del fin de los tiempos. Belén de Judá también enfrentaba una época de hambruna (1:1-3). La tierra que manaba leche y miel ahora estaba desolada, se había vuelto seca y estéril. Los campos fértiles no tenían señales de vida. El hambre se extendió, dejando un rastro de pánico y miedo. La crisis económica fue consecuencia de la crisis espiritual. Ese fue el tiempo de los jueces, un largo período de más de trescientos años de gran inestabilidad e inconstancia entre el pueblo de Israel, el pueblo sólo acudía a Dios en los tiempos de problemas, pero se olvidaba de Él en los buenos. De hecho, ese fue un momento en que la nación se había alejado de Dios. Cada uno siguió su propio corazón. La Palabra de Dios había sido olvidada, la apostasía se apoderó del pueblo y le dieron la espalda al Señor. La sequía, la invasión del enemigo y la hambruna vinieron entonces como el juicio de Dios sobre la nación rebelde.

Cuando el pueblo se aleja de Dios, los cielos retienen la lluvia y el hambre asola la tierra. Cuando la iglesia pierde el fervor espiritual, pierde la capacidad de alimentar a las multitudes con pan espiritual. Cuando no hay pan en la iglesia, el mundo se derrumba. Este hecho se puede ver en el libro de Ruth.

En la Segunda Guerra Mundial hubo muchas atrocidades. Hombres perversos, brutalizados y dominados por la malignidad, sacrificaron millones de vidas, haciéndoles morir en cámaras de gas, en pelotones de fusilamiento, en campos de concentración y castigándolos con trabajos forzados y escasez de pan. Después de la guerra, varios niños huérfanos fueron llevados a un orfanato. Inquietos, no podían dormir. Cuando fueron observados por un psicólogo, se dio cuenta que la inquietud de los niños era la inseguridad y el miedo a quedarse sin pan. El miedo al hambre les quitó el sueño.

La psicóloga aconsejaba que cada niño antes de irse a dormir debía recibir un trozo de pan, no para comer, sino para sostener. Así, los niños se calmaron y pudieron dormir seguros y tranquilos. El hambre trae inquietud. La certeza que tendrían pan al día siguiente curó a los niños de la inquietud que les quitaba el sueño.

Había hambre de pan en Belén, la Casa del Pan. Belén es un símbolo de la iglesia. Muchas veces también falta pan en la iglesia, y la gente empieza a pasar hambre. El pan que falta en la iglesia no es el pan hecho de trigo, sino el que sale de la boca de Dios. Es el hambre de este pan del cielo lo que nos hace buscar a Dios con todas las fuerzas de nuestra alma.

El día que nuestra hambre de Dios sea mayor que nuestra hambre de comida, de dinero, de fama y reconocimiento, entonces podremos experimentar las maravillas de Dios. Sin embargo, también debemos cerrar los oídos al grito pesimista de quienes nos dicen que no lograr, que la crisis nos venza y que Dios nunca nos dé pan en abundancia.

Cuando falta pan en la Casa del Pan, la gente se desespera. el libro de Ruth es una historia de amor que enseña ricas lecciones espirituales.[55] Tommy Tenney, en su libro *The Carers of God*, hace una exposición profunda y pertinente del primer capítulo de Ruth. Escribe sobre la hambruna que azotó la ciudad de Belén y sus implicaciones para la iglesia contemporánea. Hubo un tiempo en que el nombre de la ciudad de Belén era sólo publicidad engañosa, una promesa vacía, una negación de su realidad. Hubo un día en que los hornos de Belén estaban fríos y cubiertos de ceniza y los estantes estaban vacíos. La tierra abrasadora gimió bajo el implacable y abrasador calor del sol. La lluvia generosa y benéfica fue detenida y el cielo cerró sus compuertas. La semilla pereció sin vida en el seno de la tierra. En los pastos, el ganado mugía inquieto a causa del hambre. En los corrales no había ovejas. En los campos, antes abundantes, no había frutos. No había pan en las casas y la gente empezó a pasar hambre.

Donde hay hambre, hay inquietud. Donde llega el hambre, reina la desesperación. El hambre es implacable. Ella mata sin compadecerse de sus víctimas. La Casa del Pan se quedó sin pan. Llegaba gente de todos lados buscando pan, pero regresaron con las manos vacías. Sus esperanzas se desvanecieron. Belén se

---

[55] Larson, Gary N. El nuevo manual bíblico de Unger. Chicago, Illinois. Moody-Press, 1984: pág. 140.

convirtió en un lugar de inquietud y angustia, no de satisfacción y plenitud.

Belén, es un retrato de la iglesia, la Casa del Pan, vacía de pan, es un retrato de la iglesia contemporánea. La iglesia es también la casa del pan. La gente tiene hambre. No tienen necesidad del pan que perece, sino del pan de vida; es Dios mismo quien pone en nosotros esta hambre: *"He aquí vienen días, dice Jehová el Señor, en que enviaré hambre a la tierra, no de pan, ni de sed de agua, sino de oír las palabras del Señor"* (Amós 8:1). Muchas personas buscan saciar su hambre espiritual en la iglesia, pero no encuentran allí el pan de vida. Mucha gente busca a Dios en la iglesia, pero no lo encuentra en la iglesia. Encuentran mucho hambre y poco de Dios. Encuentran mucho pan ritual y poco espiritual. Encuentran gran parte de la tierra y poco del cielo.

La iglesia hoy también está reemplazando el pan del cielo con otros alimentos. Él está predicando lo que la gente quiere escuchar, no lo que la gente necesita escuchar. Se predica para agradar, no para alimentar. Se da paja al pueblo en lugar de trigo (Jer 23:28).

También hay iglesias que, además de no tener pan, venden salvado al pueblo y cobran mucho por ello. Hay líderes que además de adulterar el Evangelio, también lo han comercializado y vendido. En el afán de tener más que en la búsqueda del ser, muchas iglesias desempaquetan las indulgencias de la Edad Media, les dan nuevas formas, comercian con la gracia de Dios e inducen a los incautos al misticismo más crudo.

Sin embargo, también hay iglesias que están dando veneno, en lugar de pan, al pueblo. Ellas están predicando doctrinas de hombres, y no la Palabra de Dios. Guían al pueblo a través de sueños, visiones y revelaciones, en lugar de anunciarles la santa Palabra de Dios. Están dando un caldo venenoso al pueblo de Dios, en lugar de alimentarlo con el pan del cielo. Hay muerte en la olla y no hay comida saludable. Hay muchas herejías colándose en el campo evangélico, disfrazada de doctrinas bíblicas. Las multitudes se sienten atraídas, el entusiasmo de la gente crece, pero la gente come paja en lugar de pan.

Hoy en día, muchas personas tienen hambre de otras cosas y no de Dios. Están detrás de los bienes de Dios, no del Dios de los bienes. Quieren los bienes, no la bendición. Quieren las dádivas, no al donante. Quieren complacerse a sí mismos, no a Dios. Quieren promoción personal, no la gloria de Dios. Buscan salud y prosperidad, no santidad. Corren tras el éxito, no hacia la compasión. Tienen hambre de Mammón y no de maná.

Otros buscan saber acerca de Dios, pero no conocen a Dios. Son ortodoxos en mente, pero herejes en conducta. Son celosos de la doctrina, pero relajados de la vida. Son defensores de la verdad, pero son secos como un desierto y duros como una piedra. Buscan conocimiento, pero no buscan compasión. Tienen hambre de libros, pero no hambre de Dios. Tengo luz en mi mente, pero no tengo luz en mi corazón. Sus cabezas están llenas de conocimiento, pero sus corazones están vacíos de devoción. El resultado es que tenemos iglesias llenas de gente vacía de Dios e iglesias vacías de gente llena de Dios. Esta gente tiene hambre de muchas cosas, pero no del Dios vivo.

Sí, necesitamos una generación que tenga hambre de Dios. Peor que el hambre y la inapetencia, la falta de apetito. La falta de apetito y las enfermedades, y la enfermedad mata más rápido que el hambre. El salmista dijo: "Mi alma tiene sed de Dios, del Dios vivo" (Sal 42,2). Los hijos de Coré dijeron: " [...] mi corazón y mi cuerpo se regocijan en el Dios vivo" (Sal 84:2). El pueblo de Dios carece de apetito espiritual. Las cosas de Dios parecen ya no excitar a los hijos de Dios. No tiemblan ante la Palabra. No tienen prisa por orar. Las reuniones de oración están muriendo en las iglesias.

La gente tiene tiempo para planificar reuniones, pero no tiene tiempo para orar. La gente encuentra tiempo para el ocio, pero no para buscar el rostro del Señor. Es que falta de hambre de Dios.

Y que nuestra alma no quede impregnada de Dios ni apegados a Él. Cantamos que Dios es el amado de nuestra alma, pero no hablamos con Él, no escuchamos Su voz ni nos deleitamos en Él. Cantamos porque nos gusta cantar. Celebramos porque es bueno para nosotros, pero no lo hacemos para alegrar el corazón de Dios ni para deleitarnos en Él. Nos adoramos a nosotros mismos, en lugar de adorar a Dios.

El hambre de Dios es el primer paso hacia el avivamiento espiritual. La gente va a la iglesia, pero no hay expectativas de encontrar a Dios. Se acostumbran a lo sagrado. Se ocupan tanto de las cosas espirituales que pierden la sensibilidad hacia lo sublime. Les gusta estar en la Casa de Dios, pero allí no encuentran a Dios. Aman la Casa de Dios, pero no conocen íntimamente al Dios de la Casa de Dios.

Tienen hambre de Dios y consideran basura las ventajas del mundo a causa de la sublimidad del conocimiento de Cristo. Tener hambre de Dios y no contentarse con salvado, paja seca, pan mohoso. ¿Tienes hambre de Dios? ¿Has anhelado a Dios más que a los guardias durante el descanso de la mañana? ¿Has clamado como Moisés: "Oh, Señor, quiero ver tu gloria" (Éxodo 33:18)? ¿Has clamado como Eliseo: "Déjame heredar la doble porción de tu espíritu" (2 Reyes 2:9)? ¿O estamos satisfechos con nuestras vidas como lo estaba la iglesia de Laodicea (Apocalipsis 3:17)?

Sí, la mayor necesidad de la iglesia no son las cosas; y de Dios. No es uno de los dones de Dios; y de Dios. No es de las bendiciones de Dios; y de Dios. Nuestra necesidad más urgente es la gloria de Dios, la manifestación del Señor todopoderoso entre nosotros. ¡Necesitamos desesperadamente el Pan del Cielo!

Cuando no hay pan en Casa del Pan, la gente sale de la Casa del Pan.

El hambre inquieta a la gente. Ella se mueve y saca a la gente de su lugar. Los hermanos de José bajaron a Egipto a comprar pan.

Los cuatro leprosos de Israel arriesgaron sus vidas para buscar pan en el campamento enemigo.

Cuando llegó el hambre a Belén, Elimelec, Noemí, Mahlón y Quelión abandonaron la ciudad del pan. Tomaron el camino de la fuga, en lugar de elegir el camino del enfrentamiento. Salieron movidos por la visión humana y no guiados por la fe. Al igual que Lot, buscaban seguridad, no la voluntad de Dios. Buscaban nuevos horizontes, no la dirección del cielo.

Elimelec, en lugar de buscar que Dios solucionara el problema, huyó de las circunstancias adversas. En lugar de clamar al cielo pidiendo restauración, él y su familia huyeron de la Casa del Pan a las tierras de Moab.

Mucha gente sale de la iglesia cuando hay escasez de pan en la Casa del Pan. Mucha gente busca comida en sectas heréticas, donde sólo encuentran veneno mortal. Otros buscan las migajas del mundo mismo, como lo hizo Demas, que amó el siglo presente y abandonó la fe (2 Tim 4:10). La solución no es abandonar la Casa del Pan cuando falta pan: el verdadero pan sólo puede venir del cielo. No se produce con esfuerzo humano. Es la dádiva divina. La solución no es huir en busca de otro pan, sino orar al Señor para que nos dé nuevamente el pan del cielo.

Los tiempos de restauración nacen de la conciencia de la crisis. Es cuando sentimos nuestra bancarrota espiritual que nos postramos a los pies del Señor, clamando por restauración.

Es cuando nuestros graneros están vacíos cuando tenemos el desafío de clamar por pan. Cuando hay señales de hambre en nuestras entrañas y gritamos como el hijo pródigo: "¡A cuántos trabajadores de mi padre les sobra el pan, y aquí me muero de hambre!" (Le 15:17). La crisis, lejos de llevarnos a las tierras de Moab y las llanuras del Jordán o incluso a las llanuras de Egipto, debería llevarnos de rodillas y a una búsqueda incesante de restauración.

Erlo Stegen, en 1966, predicó entre los zulúes en Sudáfrica, instaló una tienda de campaña y la gente vino a escucharlo. Un día, mientras predicaba sobre el poder de Jesús, se le acercó una mujer de rostro demacrado y cansado. Después del mensaje, ella se acercó a él: "¿Estás diciendo que tu Dios tiene todo el poder?" Él respondió: "Sí, y exactamente es lo que estoy predicando." Entonces ella le dijo: "Necesito a tu Dios. Mi hija está horriblemente demonizada. Está atada a un tronco dentro de la casa, sangrando como una herida de ira. Vayamos allí para que mi hija pueda ser liberada." Erlo Stegen sintió un escalofrío recorrer su espalda y pensó: Y si esta muerte del Nilo se libera, ¿qué será de mi ministerio? ¿Cómo continuaré predicando a esta gente? ¿Cómo será la reputación del Evangelio entre los zulúes?

Con estos pensamientos zumbando en su cabeza, se dirigió a la casa de la mujer. Cuando llegó, vio un espectáculo horrible. La niña estaba atada al tronco de un árbol con alambre, sangrando como un animal herido. En vano, el pastor intentó expulsar esa raza de demonios de la niña. Llamó a los demás trabajadores, pero no pasó nada. La llevaron a una finca y oraron durante unos días, pero ella se enfureció aun más. Cuando la trajeron de regreso, Erlo Stegen pensó en dejar su ministerio entre los zulúes y abandonar el campo misionero. En ese momento, el Espíritu de Dios le mostró que su necesidad no era abandonar el ministerio ni dejar de predicar, sino buscar poder de lo Alto.

A partir de ese día comenzaron a buscar a Dios con quebrantamiento y fervor. Comenzaron a estudiar el libro de los Hechos, pidiéndole a Dios que hiciera nuevamente las maravillas que había hecho en el pasado. Durante los siguientes tres meses, se reunieron tres veces al día y lo único que podían hacer era llorar por sus pecados. Dios trajo sobre ellos un profundo quebrantamiento. Al final, el Espíritu de Dios fue derramado poderosamente sobre ellos e inmediatamente llegaron decenas de personas de todos lados, confesando sus pecados y buscando la misericordia de Dios. La muchacha poseída fue liberada y las maravillas divinas se multiplicaron en aquella región. Tuve el privilegio de visitar este lugar, la Misión Kwa Sizabantu, donde tuvo lugar este extraordinario avivamiento. Allí se construyó un templo para quince mil personas, con servicios diarios, y caravanas de diversas partes del mundo aun visitan esa misión para escuchar las maravillas que Dios obró entre su pueblo. Una triste observación, por todos lados surge una pregunta: ¿por qué la gente abandona la iglesia o no se siente atraída por ella? La respuesta es: Porque no hay pan. El pan era símbolo de la presencia de Dios. Estaba el pan de la proposición; es decir, el pan de la presencia (Nm 4:7), el pan indica la presencia de Dios. Nada satisface plenamente a los hombres excepto Dios. Dios mismo puso la eternidad en el corazón del hombre. Podrás tener templos suntuosos, predicadores eruditos, música de calidad superlativa, pero sólo Dios satisface el alma.

La gente busca desesperadamente un lugar donde encontrar pan, donde saciar su hambre, donde satisfacer sus necesidades profundas. La gente se agolpa en los bares y se emborracha porque están vacíos, tienen sed y hambre. Van a discotecas, al son de música estridente, y bailan hasta el amanecer porque tienen un gran hambre interior. Se llenan las venas de drogas porque tienen un vacío inmenso en el corazón. Buscan centros espirituales y templos de Umbanda y Candomblé porque hay un agujero en su alma hambrienta de Dios. Llevan cristales alrededor del cuello, buscando entrar en contacto con el mundo invisible, porque tienen hambre e insatisfacción. Se alinean en seminarios de autoayuda y se tragan sin pensar toda la paja que les dan, porque tienen hambre de pan. Las multitudes están confundidas, dispersas e inquietas como ovejas sin pastor. Al igual que el padre afligido que suplicó a los discípulos de Jesús que liberaran a su hijo poseído, pero que estaba desilusionado por su falta de poder, nosotros también hemos visto una iglesia que tiene conocimiento, pero no poder. Y otros que pregonan poder, pero no tienen conocimiento ni poder. La multitud no encuentra pan en la Casa del Pan.

Sí, esto debería avergonzar a la iglesia. Millones de gente busca pan donde sólo hay veneno, porque falta pan en la Casa del Pan. Es triste observar que muchos a veces personas necesitadas, angustiadas y hambrientas buscan la iglesia, pero no encuentran nada en la despensa, nada más que estantes vacíos, cajones llenos de recetas de pan, hornos fríos y polvorientos. [56] A lo sumo, escuchan hermosas historias de cómo sobraba pan en el pasado.

Estamos celebrando, como Israel, las victorias del pasado. Cantamos con ardor lo que Dios hizo ayer. Pero cuando miramos el presente, nuestras vidas son tan secas como el desierto del Néguev. Es bueno recordar las victorias del pasado, pero no podemos vivir en el pasado. No vivimos sólo de recordar. No basta saber que ayer nos sobraba pan. Necesitamos pan hoy. Necesitamos experimentar la intervención de Dios todos los días. Las victorias de ayer no son garantía de las victorias de hoy.

Hemos anunciado que hay pan en nuestro Belén. Pero cuando la gente viene a nosotros, no la alimentamos. Cuando la gente hambrienta busca pan, lo único que hacemos es contarles las grandes obras que Dios ha realizado. Hablamos de lo que Él ha hecho, de dónde ha estado, pero no de lo que Él está haciendo en nosotros y a través de nosotros hoy. Tenemos una memoria aguda para recordar las maravillas del ayer. Sin embargo, poco podemos decir sobre lo que Dios está haciendo en nuestras vidas. La gente viene a nuestras iglesias, pero no ven a Dios en Su gloria entre nosotros. Les decimos que Dios está aquí, pero no lo ven. Confundimos la omnipresencia de Dios con Su presencia manifiesta. Es imposible que Dios se manifieste y la gente no lo hace o no me doy cuenta. Cuando Dios se manifiesta en su gloria, somos

---

[56] Tenney, Tommy. Los estafadores de Dios. Belo Horizonte, MG. Editora Dynamus, 2000: pág. 34.

como Jacob: "¡Cuán terrible es este lugar! Es la casa de Dios, la puerta del cielo" (Gén. 28:17).

La gente viene a Casa del Pan con frecuencia, pero regresan hambrientos. Cuando les decimos que tenemos pan en abundancia, no creen, pues ven que incluso muchos creyentes pasan hambre. Cuando les anunciamos que el pan que tenemos es eternamente saciante, se confunden porque miran las cremas, y están insatisfecho, confundido e inseguro. Cuando vienen a la iglesia buscando el pan que les prometimos, llegan a la conclusión que hemos realizado publicidad engañosa. A menudo decimos que un río de vida fluye a través de nosotros, pero lo que la gente ve es un río de palabras vacías. Tenemos palabras, pero no tenemos vida. Tenemos doctrina, pero no tenemos poder. Tenemos ortodoxia, pero no tenemos unidad. Tenemos receta de pan, pero no tenemos pan.

Cuando falta pan en Casa del Pan, la gente busca alternativas peligrosas.

Elimelec y su familia, ante la crisis del hambre, huyeron a Moab. Cuando Belén, la Casa del Pan, quedó vacía, esa familia se vio obligada a buscar pan en otra parte, el dilema es que Moab no era un lugar seguro para esa familia; al contrario, un lugar de sufrimiento, enfermedad, pobreza y muerte. Las alternativas del mundo pueden arrojarnos al abismo de la muerte.

Cuando llega la crisis, cuando falta pan en Casa del Pan, la solución no es abandonar la iglesia, buscar nuevos rumbos, nuevas teologías, nuevas experiencias y nuevas modas. En estos tiempos lo que la iglesia debe hacer es humillarse ante Dios, lo que debe hacer es buscar el Pan Vivo del cielo, Jesús.

Elimelec y sus hijos Mahlón y Quelión murieron en Moab. Perdieron la vida buscando sobrevivir. Encontraron muerte en lugar de seguridad. Encontraron la tumba en lugar de una casa. no les importa

Hambre en la Casa del Pan. Después de evitar el hambre en Belén, encontraron la muerte en Moab. Donde pensaban que preservarían la vida, la perdieron.

La seguridad de Moab es falsa. La abundancia de Moab es engañosa. Moab significó dolor, pobreza y viudez para Noemí. Moab significó para Noemí la pérdida de sus dos hijos. Moab es un símbolo del mundo y de su aparente seguridad. Moab había tomado a sus hijos y los había enterrado antes de tiempo. Moab te separará de tu cónyuge. Moab le había quitado el gozo y había llenado su corazón de amargura. El precio que se cobra en Moab es muy alto: allí la gente paga con sus matrimonios, sus hijos y su propia vida.[57] De hecho, Noemí partió llena de esperanza y regresó pobre, vacía, amargada y herida (1:20,21).

Cuando vuelve a haber pan en la Casa del Pan, la gente corre hacia la Casa del Pan, hay un rumor que llega hasta Moab: "Entonces, si quieres, ella y sus nueras regresaron de la tierra de Moab, porque oyó en aquella tierra que Jehová se había acordado de su pueblo y les había dado pan" (1:6). Noemí regresa porque oyó que había pan en Belén. Hay un murmullo que recorre nuestras ciudades, pero y callejones; y el murmullo de los hambrientos.

Si uno de ellos oyera el rumor que el Pan había vuelto a la Casa del Pan, la noticia pronto se difundiría con gran intensidad y la multitud se sentiría irresistiblemente atraída hacia la Casa del Pan. Los hambrientos vendrían y verían.

Se reirían que la publicidad no sea engañosa. Dirían: no es una estafa. Y es cierto que realmente hay pan de sobra, podemos satisfacer nuestra hambre. Dios está en la iglesia. La gloria de Dios brilla en la iglesia ¡El Pan del Cielo se ofrece gratuitamente en la iglesia!

---

[57] Tenney, Tommy. Los estafadores de Dios, Belo Horizonte, MG. Editora Dynamus 2000: p. 36.

¡Sí, cuánto necesitamos al Pan del Cielo en Belén! Sí, ¡cuánta necesidad necesitamos de la gloriosa presencia de Dios en nuestras iglesias! Tan pronto como la gente sepa que Dios está en la iglesia, vendrán de todos lados. Todo lo que necesitamos es la presencia de Dios, y la gloria de Dios sobre nosotros, y mucho pan para los hambrientos.

La historia de los avivamientos nos muestra esta gloriosa verdad. Cuando Dios visita a su pueblo, las multitudes se sienten atraídas a la iglesia. Los corazones se entregan a Jesús, y la iglesia se levanta en el poder del Espíritu Santo para alimentar a los hambrientos con el Pan del Cielo. No necesitamos conformarnos con las migajas. No necesitamos vivir de salvado. No necesitamos alimentarnos de las migajas que caen de la mesa, el Señor nos ofrece un banquete, hornadas de pan caliente preparado en los hornos del cielo. Cuando haya pan en Casa del Pan, la gente nos acompañará a la Casa del Pan.

Ruth acompañó a Noemí a Belén (1:16-19,22). Así como Ruth, una gentil, acompañó a Noemí a la Casa del Pan, así las multitudes hambrientas nos acompañarán a la Casa de Dios cuando sepan que Dios nos visitó con abundancia de pan. La gente se volverá la iglesia cuando prueben el pan de la presencia de Dios.

Ruth encontró pan en Belén. Dejó Moab, el lugar de la muerte, y encontró vida y un futuro glorioso en Belén. Se convirtió en la abuela de David, símbolo del Rey Mesiánico. David nació en Belén, la Casa del Pan. Pero Ruth también era miembro de la genealogía de Jesús. Jesús también nació en Belén. Él es el Pan de Vida (Juan 6:35,48).

Ahora tenemos a Pan del Cielo en l Casa del Pan. A todos los que tienen hambre, les dice:

"Este es el pan que desciende del cielo, para que el que de él coma no perezca. Yo soy el pan vivo que descendió del cielo; el que come de él, vivirá para siempre" (Juan 6:50, 51).

Cuando hay pan en la Casa del Pan, regresan los pródigos la Iglesia. Noemí regresó a Belén. Se encuentra la iglesia. Llena cuando la gente sabe que allí encontrará pan en abundancia. Cuando Dios visita a Su pueblo con Pan en la Casa del Pan, los servicios se llenan de vida. Hay adoración sincera y abundante. Los cantos se llenan de alegría, las oraciones se llenan de fervor y los creyentes se llenan del Espíritu.

Que el hambre de Dios sea el signo distintivo de nuestra vida. Que nuestra hambre de Dios sea mayor que nuestra hambre de las bendiciones de Dios. Un pastor en Etiopía estaba predicando cuando hombres del gobierno comunista lo interrumpieron diciendo: Estamos aquí para poner fin a esta iglesia.

Luego de severas amenazas, agarraron a la hija de 3 años del pastor y la arrojaron por la ventana del templo a la vista de todos los fieles. Los comunistas pensaron que esta violencia acabaría con la iglesia, pero la esposa del pastor bajó, puso a su pequeña hija muerta en sus brazos, regresó a su asiento en la primera fila y el culto continuó. Como consecuencia de la fidelidad de este humilde pastor, cuatrocientos mil creyentes fieles asistieron valientemente a sus conferencias bíblicas en Etiopía.

Un pastor estadounidense, al encontrarse con este pastor, le dijo: "Hermano, hemos estado orando por ti a causa de tu pobreza." Este humilde hombre se volvió hacia el pastor estadounidense y le dijo: "No, no lo has entendido. Nosotros somos los que hemos estado orando por vosotros, a causa de vuestra prosperidad."[58] ¡Que nuestra hambre de Dios sea mayor que nuestra hambre de prosperidad y consuelo!

Los pródigos no volverán solos a la Casa del Pan, Ruth regresó con Noemí. Noemí regresó y trajo a Ruth. De manera similar, cuando la iglesia fue restaurada, no sólo los que lo cosechan

---

[58] Tenney, Tommy. Los estafadores de Dioss, Belo Horizonte, MG. Editora Dynamus 2000: p. 46.

regresan, pero traen a otras personas. Cuando el Espíritu de Dios es derramado, la descendencia de Jacob brota como sauces junto a la corriente de las aguas (Is 44:4). Necesitamos hacer como los cuatro leprosos de Samaria cuando encontraron pan: "Nosotros no lo hacemos; esto día y día de buenas nuevas, y callamos" (2 Reyes 7:9).

Necesitamos salir a las manzanas de la ciudad, por las plazas y callejones, diciendo que en la Casa del Pan hay pan.

Si realmente Dios se manifiesta con poder en la iglesia, el rumor de los hambrientos se extenderá en el campo y en la ciudad. Antes que podamos abrir las puertas, los hambrientos ya estarán haciendo cola esperando el pan. Y cuando los pródigos regresen, no regresarán solos, los gentiles que habitaron en Moab regresarán con ellos.

Capítulo 4
¿Casualidad o providencia?
(Rt 2:1-23)

El capítulo dos del libro de Ruth es la historia de un día en la vida de Ruth que transforma la tragedia de un pasado doloroso y abre amplios caminos para un futuro glorioso.

David Atkinson dice que el día de la vida de Ruth contenido en este capítulo es el día en que conoció a Boaz. Al final del día, después del trabajo, le cuenta a Noemí lo sucedido. Solo entonces se da cuenta del verdadero significado de su encuentro (2:20). Hasta entonces, Ruth no se había dado cuenta que el encuentro no era una coincidencia, sino parte del propósito soberano de Dios.[59] Lo que para Ruth fue una mera coincidencia en un conjunto de circunstancias no planeado, fue parte del cuidado misericordioso de Dios.[60] No fue la suerte lo que llevó a Ruth a los campos de Boaz, sino una agenda elaborada en el cielo.[61] Destacamos tres verdades a modo de introducción:

Primero, la agenda de Dios prevalece sobre los planes humanos. El mensaje central de este capítulo es que el azar humano tiene como telón de fondo la divina providencia. Detrás de los aparentes accidentes de los encuentros cotidianos, Dios expresa su

---

[59] Atkinson, David. El mensaje de Ruth, 1991: p. 59.
[60] Atkinson, David. El mensaje de Ruth, 1991: p. 64.
[61] MacDonald, William. Comentario bíblico del creyente. Editores Thomas Nelson. Nashville, Atlanta, 1995: pág. 290.

cuidado y determinación providenciales, la gracia de su alianza.⁶² Los pasos de Ruth fueron guiados por el Señor. "[...] estando en el camino, el Señor me guio" (Gen 24:27). Dios es quien ordena los acontecimientos. De hecho, como decía Francis Schaeffer, la vida se compone de dos pisos. Abajo pensamos que las cosas suceden por casualidad, pero arriba tenemos la seguridad que las manos de Dios dirigen nuestro destino. Los accidentes humanos son en realidad providencias divinas.

Abraham Kuyper fue Primer Ministro de los Países Bajos a principios del siglo XX, también fue profesor de teología, periodista, escritor y apasionado del arte. Fundó la Universidad Libre de Amsterdam en 1880, y en su conferencia inaugural incluyó estas famosas palabras: "No hay un centímetro en toda el área de la existencia humana que Cristo, soberano de todos, no reclame como propio..."⁶³ David Atkinson dice que este es el mundo de Dios, e incluso nuestra "suerte" o "oportunidad" es parte de Su providencia suprema.⁶⁴ En segundo lugar, toda una historia de dolor puede ser transformada en un solo día. La dramática historia de dos mujeres pobres transformadas en tan solo un día. Un hecho surgió algo nuevo y la página del dolor pasó para siempre. Dios tiene las riendas de la Historia en sus manos y Él puede intervenir en vuestra vida y transformar las tragedias en triunfo. En un solo día, todo un pasado de dolor puede convertirse en un hermoso episodio de gracia y de amor.

Warren Wiersbe dice que la historia de Ruth comienza con la muerte de su marido, pero termina con el nacimiento de un bebé. Sus lágrimas se transformaron en victoria.⁶⁵ Una forma de resumir

---

⁶² Atkinson, David. El mensaje de Ruth, 1991: p. 59.

⁶³ Kuyper, Abraham, citado por H. R. Van Ti!, en The Calvinistic concept of culture. Presbyterian and Reformed Publishing Co., 1959: pag. 117.

⁶⁴ Atkinson, David. El mensaje de Ruth, 1991: p. 66.

⁶⁵ Wiersbe, Comentario bíblico expositivo de Warren W. Vol. 2, 2006: pág. 180.

el libro de Ruth y presentarlo como la historia de una familia que comenzó de nuevo: ya sea de las cenizas, de alguien que creía en la posibilidad de reconstruir y retomar la vida.[66]

En tercer lugar, el misterio de los pobres debe ser el ministerio de los ricos. Leon Morris dice que este capítulo también nos da una idea de las vidas de los pobres en la antigua Palestina. Una viuda no tenía muchas maneras de ganarse la vida; sin embargo, una de ellas era la costumbre de espigar. Había una disposición en la ley para que en el momento de la cosecha el agricultor no cosechara las esquinas de la propiedad, ni recoger lo que cayó al suelo, al paso de los segadores (Lev 19:9; 23:22). De hecho, si él se olvidaba una gavilla en el campo, se le prohibía volver a buscarla (Dt 24:19). Estas provisiones se hicieron teniendo en cuenta a los pobres.[67] La Biblia dice que los ricos deben ser generosos al compartir. Los bienes no se dan para acumularlos, sino para compartirlos. La semilla que se multiplica no es la que comemos, sino la que sembramos.

Cuando abrimos nuestras manos para compartir generosamente, Dios multiplica nuestra siembra, pues el alma generosa prosperará.

Veamos cómo Dios tejió las circunstancias y cómo actuó en la vida de los tres principales protagonistas de esta saga: Boaz, Ruth y Noemí. Boaz, un retrato del amor misericordioso de Dios.

Hay que resaltar tres verdades sobre Boaz:

Primero, Boaz Joi es un rico redentor (2:1). Boaz era pariente de Noemí y un hombre rico. Era un hombre íntegro, influyente y un gran granjero. Su nombre significa "en él hay fuerza." Podría cumplir con los requisitos o derechos legales para casarse con Ruth, bajo el régimen de levirato, y criar descendientes para la familia de

---

[66] Gondim, Ricardo. Cree en la posibilidad de la victoria, 1995: p. 35.36.

[67] Cundall, Arthur E. y Morris, León. Jueces y Ruth: introducción y comentario, 2006: p. 252.

Elimelec. Entonces fue de quien surgió tanto David, el rey, como el Rey de reyes, el Mesías. De esta manera, Ruth entró tanto en el linaje real como en el linaje divino.[68]

Bueno, es un tipo de Cristo Redentor. Ruth, a su vez, es un tipo de la Iglesia, los redimidos. El Hijo de Dios es el Redentor no sólo de una familia pobre, sino de todos los pecadores que confían en su gracia. Él es el rico redentor que se hizo pobre para hacernos ricos y herederos de sus inescrutables riquezas (2 Corintios 8:9).

William MacDonald dice que en Boaz vemos ilustradas muchas de las excelencias de Cristo. Boaz era un hombre de grandes riquezas (2:1). Era compasivo con los extranjeros que no tenían nada que reclamar a su favor (2:8,9). Él sabía todo acerca de Ruth antes que ella lo conociera (2:11). Sirvió a Ruth con gracia y todas sus necesidades fueron satisfechas (2:14). Le garantizó a Ruth protección para el presente y prosperidad para el futuro (2:15,16). En estos actos de gracia tenemos un anticipo de nuestro bendito Redentor.[69]

El libro de Ruth señala la gloriosa verdad que Dios es nuestro redentor. Moisés describe este hecho glorioso así: "Di, pues, a los hijos de Israel: Yo soy el Señor, y os sacaré de debajo de las cargas de Egipto, y os libraré de su servidumbre, y os redimiré con brazos extendidos y con grandes manifestaciones de juicio" (Ex 6:6). G. J. Wenham dice que la contribución especial del libro de Ruth es que el pariente redentor era el único que podía rescatar, pero no estaba obligado a hacerlo. La disposición de Boaz para redimir la propiedad de Noemí y casarse con Ruth señala al mayor Redentor, quien, a su vez, era su descendiente.[70]

---

[68] Champlin, Russell Norman. El Antiguo Testamento se interpreta versículo por versículo. Vol. 2, 2003: pág. 1102.

[69] MacDonald, William. Comentario bíblico del creyente, 1995: pág. 290.

[70] Wenham, G. J. et al. Nuevo comentario de la Biblia, 1994: pág. 292.

Segundo, Boaz Joi es un hombre de Dios (2:4). John Peter Lange dice que es un auténtico creyente y también el mejor jefe. Una fe viva en Dios es el mejor vínculo entre empleador y empleado, evitando el abuso de autoridad por un lado y la insubordinación pretenciosa por el otro.[71]

Boaz es un bendito. Transforma las cosas comunes de la vida en una liturgia de adoración a Dios. Hace de su trabajo un tributo de gloria al Señor. Viaja del altar al campo con la misma devoción. No dicotomiza la vida entre secular y sagrada. Para él todo es sagrado. Se dirige a sus empleados con devoción. Dondequiera que va, Boaz deja las marcas de su influencia benéfica. La gente mejora al relacionarse con él. La relación de Boaz con los hombres revela su relación íntima con Dios. La forma en que trataba a sus empleados proporcionaba abundante evidencia que era un hombre pleno de Dios.

Leon Morris dice que Boaz era el tipo de hombre que creía que la fe religiosa debía ser parte del trabajo diario.[72] En la misma línea de pensamiento, David Atkinson dice que en el Antiguo Testamento no hay separación entre lo "sagrado" y lo " secular": toda la vida se vive "ante el rostro de Dios."[73] Se conoce a un hombre de Dios no por la alta posición que ocupa ni por los cargos eclesiásticos que desempeña, sino por la manera en que trata a sus subordinados.

La bondad con la que Boaz trataba a sus trabajadores hablaba más de su relación con Dios que de todas sus prácticas religiosas.

En tercer lugar, Boaz Joi es un hombre muy especial (2:8-16). Destacamos seis puntos importantes sobre Boaz:

---

[71] Lange, Juan Pedro. Comentario de Lange sobre las Sagradas Escrituras. Vol. 2, 1980: pág. 32.

[72] Cundall, Arthur E. y Morris, León. Jueces y Ruth: introducción y comentario, 2006: p. 255.

[73] Atkinson, David. El mensaje de Ruth, 1991: p. 67.

Boaz es un hombre que ofrece gracia (2:8,10). Cuando Ruth salió esa mañana a espigar al campo, buscaba alguien que le mostrara su gracia (2:2,10,13). Gracia es el favor concedido a alguien que no lo merece y que no tiene forma de obtenerlo con su esfuerzo. Como mujer, viuda pobre y extranjera, Ruth no podía reclamar nada a nadie, el canal de esta gracia era Boaz. Gracia significa que Dios da el primer paso para ayudarnos, no porque lo merezcamos, sino porque Él nos ama y nos quiere para Él. "Nos amamos unos a otros porque él nos amó primero" (1 Juan 4:19). La salvación no fue algo que Dios improvisó, sino lo que planeó desde la eternidad.[74]

Boaz trató a Ruth con especial cuidado. Le ordenó quedarse en su campo y no ir más lejos en busca de provisiones. Ruth reconoció que el gesto de Boaz fue un acto de gracia, ya que ella era una viuda pobre y además extranjera. Gracia y favor inmerecido. Gracia es recibir todo cuando no tienes nada que dar a cambio. Gracia es el amor que paga el precio por ayudar a alguien que no lo merece. En este sentido, Boaz retrata a Cristo en su relación con su novia, la Iglesia.

Boaz es un hombre que ofrece provisión (2:9). Él no sólo permite que Ruth se reúna en su campo, pero le ofrece la misma provisión que a los trabajadores. Ahora tiene la libertad de beber agua y disfrutar de la compañía de tus sirvientes. Jesús compartió con nosotros las riquezas de Su misericordia y amor (Efesios 2:4), las riquezas de Su gracia (Efesios 2:7), las riquezas de Su sabiduría y conocimiento (Romanos 11:33), las riquezas de Su gloria (Fil 4:19) y, además de todo esto, sus riquezas inescrutables (Ef 3:8). No, "extranjeros" indignos, somos miembros de la familia de Dios y tenemos toda Su herencia a nuestra disposición.[75]

---

[74] Wiersbe, Comentario bíblico expositivo de Warren W. Vol. 2, 2006: pág. 181.182.

[75] Wiersbe, Warren W. Comentario bíblico expositivo. Vol. 2, 2006: pág. 182.

Boaz es un hombre que ofrece protección (2.9). Boaz toma medidas para proteger a Ruth de acercamientos vergonzosos e inconvenientes por parte de los segadores. Ella estaba bajo su cuidado y protección. Nadie podría tocar a Ruth. Así también, Dios es nuestro protector. Él es nuestro escudo y nuestro defensor. Somos la niña de los ojos de Dios, su propiedad exclusiva. Él nos rodea por todos lados y nos protege de todo mal.

Boaz es un hombre que ofrece consuelo (2:13). Piedad reconoce el trato amoroso de Boaz. Él le mostró gracia, dándole consuelo y hablándole al corazón. Ruth necesitaba no sólo pan, sino también significado. De hecho, necesitaba más consuelo que comida. Boaz le abrió no sólo las puertas de la provisión, sino, sobre todo, los almacenes de su corazón y la abundancia de su amor.

Warren Wiersbe dice que Ruth no miró hacia atrás, a su trágico pasado, ni se miró a sí misma, pensando en su triste situación. Se arrojó a los pies de su amo y se sometió a él. Apartó la mirada de su pobreza y se volvió hacia sus riquezas. Ella olvidó sus miedos y descansó en sus promesas. Que excelente ejemplo a seguir para la gente de Dios![76]

Boaz es un hombre que ofrece la comunión (2:14). Ahora, Ruth es invitada a sentarse a la mesa con Boaz, para comer pan con él y moja un trozo en vino. Eso es un gesto de profunda intimidad y comunión.[77] Sentarse a la mesa y comer pan es una expresión de amistad, intimidad y comunión. Este fue el gesto que marcó la celebración de la Cena del Señor en la escena con su desdén salta. Hoy tenemos libre acceso a la presencia del Padre a través de Jesús. El velo del templo se ha rasgado y ahora podemos entrar al salón del trono por el camino nuevo y vivo. Ahora tenemos plena comunión con aquel que nos amó y fue entregado.

---

[76] Wiersbe, Warren W Comentario bíblico expositivo. Vol. 2, 2006: pág. 183.

[77] Mesquita, Antonio Neves de. Estudia los libros de Josué, Jueces y Ruth, 1973: pág. 239.

Boaz es un hombre que trasciende en sus actos de bondad (2:15,16). No sólo le ofreció a Ruth su campo, su protección, su provisión, su compañía, su consuelo, sino que también dio órdenes a sus trabajadores de dejar porciones especiales para que Ruth las recolectara. Fue más allá de lo esperado, más allá de lo que exige la ley. Boaz fue un hombre que se excedió en su generosidad. Así también nos trata Dios a nosotros. Él es el Dios de toda gracia, de todo consuelo. Sus bendiciones son innumerables, su amor es inconmensurable, sus misericordias no tienen fin.

Ruth, una mujer que busca refugio bajo las alas de Dios.

Destacamos seis verdades importantes sobre Ruth:

En primer lugar, Ruth, una mujer que toma iniciativa (2:2). Ruth demostró voluntad de trabajar y buscar apoyo para ella y su suegra. No esperó ociosamente a que ocurriera un milagro. Ella se movió, se dirigió hacia el trabajo. Ella aceptó sin traumas que estaba necesitada y necesitada. Ruth tomó la iniciativa de cuidar de su suegra. Ella asumió el papel de proveedora de su suegra. Ricardo Gondim, en su comentario al libro de Ruth, dice:

Para triunfar en la vida no es necesario vencer lo inevitable; simplemente no permitas que lo inevitable te derrote. Entonces Ruth tomó la iniciativa creyendo que las fuerzas inevitables de la vida no la asfixiarían. Su acción espontánea es el comienzo de tu cambio de suerte.[78]

La palabra "fe" es un sustantivo, pero debe entenderse como un verbo, porque la fe no es sólo una buena concepción espiritual. Fe y sobre todo acción. Esto tiene que ver con tu trabajo, tus estudios, tu familia y tu vida espiritual. No cruces los brazos, no comas el pan de la pereza. ¡Busca ayuda! ¡Ve a buscar otro trabajo! ¡Habla con tu esposa! ¡Habla con tus hijos! Haz algo, pero

---

[78] Gondim, Ricardo. Cree en la posibilidad de la victoria, 1995: p. 36.

no te conformes. La iniciativa puede hacer de la fe un verbo, no sólo un sustantivo.⁷⁹

John Peter Lange dice que Ruth manifestó su fe en Dios no sólo con palabras: también fue testigo de su amor a través de las obras. Estaba dispuesta a trabajar para Naomi y no sólo a vivir con ella. Ruth no sólo aprendió a orar a Dios con Noemí, sino que también estuvo dispuesta a orar a los hombres por ella. Lo que Ruth nunca había hecho en Moab, estaba dispuesta a hacerlo en Belén, y esto de forma voluntaria.⁸⁰

En segundo lugar, Ruth, una mujer que no teme correr riesgos (2:26). Ruth es una mujer decidida y dispuesta a afrontar riesgos y desafíos. Ella dijo: "[...] recogeré espigas, detrás de aquel en cuyos ojos encuentro gracia" (2:26). Había provisiones en la ley de Moisés para los pobres y las viudas. Los agricultores no podían cosechar los bordes de los campos. Deberían dejar estas áreas para que las recojan los pobres. Sin embargo, en la época de los jueces, no todos eran bienvenidos a reunirse o espigar. Ruth; sin embargo, no consideró la posibilidad de ser rechazada. Ella no aceptó de antemano la declaración de derrota. Ella no capituló ante el desánimo de antemano. Aunque era pobre y extranjera, luchó, se arriesgó y no tuvo miedo de fallar. Napoleón Bonaparte decía que la victoria sin lucha no tiene gloria.

El ejemplo de Ruth nos enseña que afrontar las crisis, no escapar de ellas, es el camino hacia la victoria. Los tímidos, los temerosos y los perezosos siempre pondrán excusas por sus fracasos. Sin embargo, los ganadores nunca retroceden ante la adversidad. Siempre están dispuestos a correr grandes riesgos para conseguir las mayores victorias.

---

⁷⁹ Gondim, Ricardo. Cree en la posibilidad de la victoria, 1995: p. 37.38.

⁸⁰ Lange, Juan Pedro. Comentario de Lange sobre las Sagradas Escrituras. Vol. 2, 1980: pág. 32.

Las leyes socioeconómicas del país deben expresar una preocupación por los pobres, ya que la tierra pertenece al Dios del pacto, y su nivel de vida debe reflejar su naturaleza. La preocupación por la distribución justa de los recursos de la tierra es una ordenanza divina. [81] Los reformadores hablaron sobre el misterio de los pobres y el ministerio de los ricos. La riqueza no debe acumularse sino distribuirse. Los que tienen, necesitan compartir con los que no tienen. Hoy la riqueza está concentrada en manos de unos pocos. Hay una distribución injusta y perversa del ingreso en el mundo. Algunos mueren de hambre, otros mueren de comer. Actualmente, hay empresas más ricas que algunos países. Toyota es más rica que Dinamarca. Ford es más rica que Sudáfrica, GM es más rica que Noruega y Wal Mart es más rica que 161 países. Somos la generación del gasto en cosas superfluas. En la década de 1950 gastábamos cinco veces menos que hoy. En la década de 1970, alrededor del 70% de las familias dependían únicamente de un ingreso para mantenerse. Hoy en día, más del 70% de las familias dependen de dos ingresos para mantener el mismo nivel. El lujo de ayer se ha convertido en una necesidad imperativa de hoy. Gastado con banalidades y dejamos de ayudar a los necesitados que nos rodean. Al igual que el sacerdote y el levita, pasamos de largo; no queremos hacer concesiones.

En tercer lugar, Ruth, una mujer humilde (2:7). Aunque el chapoteo era un derecho concedido especialmente a las viudas (Dt 24:19), pregunta Ruth, no exige. Ella no reclama derechos; suplicar por favor. Ella es humilde. Cuando la Providencia la hizo pobre, no se avergonzó de asumir el papel de una mujer en situación difícil, que debía buscar en campo ajeno como mujer pobre y necesitada.[82] No debemos avergonzarnos de ningún trabajo honesto.

---

[81] Atkinson, David. El mensaje de Ruth, 1991: p. 63.
[82] Henry, Mateo. Comentario de Matthew Henry en un volumen. Editorial Zondervan. Grand Rapids, Michigan, 1961: pág. 277.

Leí la historia de un ingeniero que estaba desempleado. Leyó en un periódico que una importante empresa de su ciudad había abierto algunas vacantes en el área de ingeniería. Rápidamente acudió a esa empresa en busca de trabajo para mantener a su familia. Al entregarle su CV al encargado, le dijo: "Lo siento, se nos acabaron las vacantes en el área de ingeniería. Ahora solo tenemos unas pocas vacantes de conductores." El ingeniero bajó la cabeza y salió abatido hacia el patio de la empresa. De repente, se quitó la corbata, se arremangó la camisa y regresó a la oficina de la empresa. Dejó su licencia de conducir sobre la mesa y dijo: "Soy conductor y me gustaría tener la oportunidad de trabajar como conductor de la empresa."

El presidente de la empresa escuchó esta conversación y lo llamó a su oficina y le dijo: "Es un ingeniero como tú que nuestra empresa necesita. Voy a contratarte como ingeniero." Ese profesional se destacó en la empresa, llegando a ser uno de sus directores.

Ruth era como la mujer de Tiro y Sidón que le dijo a Jesús que los perros se comen las migajas que caen de la mesa de su amo. La humildad promueve a las personas. La humildad abre puertas ante los hombres y nos trae la victoria de Dios. La Biblia dice que Dios resiste a los soberbios, pero enaltece a los humildes.

En cuarto lugar, Ruth, una mujer que tiene equilibrio en su obra (2:7b). Ruth trabaja desde la mañana hasta la tarde. Es trabajadora, no come pan de pereza. Ella no es una pieza de porcelana; tiene coraje, está dispuesta y tiene las manos entrenadas para el trabajo, el trabajo es digno. Todo trabajo honorable y honesto engrandece al ser humano y es un acto litúrgico que agrada a Dios.

Ruth; sin embargo, sabe compatibilizar el trabajo con el descanso. Ejerce una correcta administración de su cuerpo y de su tiempo. Trabaja sin descanso y sin necedad; descansar sin trabajo e irresponsabilidad. Hoy vivimos en la tiranía del reloj. Vivimos en la paranoia de dos y hasta tres turnos de trabajo.

El mercado consumista y glotón, y la economía global quiere más de su dinero y más de su tiempo. No importa si no tienes tiempo para Dios, para tu familia o incluso para ti mismo, siempre y cuando estés haciendo girar esta monstruosa máquina de la economía global. Necesitamos saber que la piedad con contentamiento es una gran fuente de ganancias, pero los que quieren enriquecerse caen en muchas trampas y grandes aflicciones. El dinero es el gran dios del mundo y de este siglo, el mayor esclavista de la sociedad contemporánea. La gente pierde completamente el sentido de los valores debido a la codicia. Ruth nos enseña que es posible trabajar duro sin descuidar el necesario descanso.

En quinto lugar, Ruth, una mujer que sabe expresar gratitud (2:10,13). Ruth es lo suficientemente humilde como para inclinarse ante Boaz y reconocer que su generoso trato es un acto de gracia. Sabe que el favor recibido es expresión de gracia y no de mérito. Ella es consciente que es extranjera, pobre y viuda. Sin embargo, mientras buscaba refugio bajo las alas de Dios, encontró abundante provisión, protección constante y un compañerismo edificante.

Ruth se consideraba dependiente de la gracia de Dios. Abre su fe en Dios. Boaz sabía que ella había abandonado a su familia y amigos, su religión y la compañía de sus compatriotas para estar con Noemí. Boaz sabía que Ruth, al igual que Abraham, había dejado la casa de su padre y a sus parientes para ir a otra tierra, sin saber lo que le deparaba el futuro. Y sabía que esto era una prueba de la profundidad de la nueva fe de Ruth en Yavé (2:12), una fe que se expresaba en amor.[83]

Cabe mencionar que en Israel no hubo discriminación racial. La prohibición, por ejemplo, de los matrimonios mixtos no tiene

---

[83] Atkinson, David. El mensaje de Ruth, 1991: p. 71.

que ver con la raza, sino con la religión. Estaban prohibidos los matrimonios con mujeres extranjeras "[...] porque alejarían de mí a tus hijos, para que sirvieran a dioses ajenos" (Dt 7:4). La prohibición no se refería al matrimonio interracial, sino más bien a una fuerte prohibición del matrimonio interreligioso. Esto pone fin a cualquier intento de defender la segregación y la discriminación racial basadas en un supuesto principio bíblico de "pureza racial." Aunque Ruth se consideraba una "extranjera", Boaz la acoge como a un miembro de la familia de Yavé, bajo cuyas alas ella "vino a refugiarse."[84]

La vida de Ruth nos enseña acerca de la providencia misericordiosa de Dios. No hay mérito en nosotros, pero todos los que buscan refugio bajo las alas del Todopoderoso encuentran la salvación. El mensaje central del evangelio muestra que todos los que se humillan y buscan refugio encuentran amplia provisión, fuerte protección y rico compañerismo bajo las alas del Todopoderoso.

Sexto, Ruth, mujer que recibió una recompensa por la inversión que hizo en su suegra (2:11,12). Las virtudes de Ruth son destacadas por los trabajadores de Boaz (2:7) y también por el propio Boaz (2:11). La fama de Ruth llegó delante de ella. Las virtudes de Ruth precedieron a su llegada a Belén.

El daño que le haces a los demás vuelve a ti mismo. Lo que siembras, cosechas. El matrimonio de Ruth con Boaz en Belén fue pavimentado por lo que Ruth le hizo a Noemí en Moab. La ley de la siembra y la cosecha es una ley universal que se aplica a todos, en todo momento y en todo lugar. El que siembra mentira, cosecha traición; quien siembra verdad, cosecha lealtad. Quien siembra celos, cosecha sospechas; quien siembra confianza, cosecha descanso. Quien siembra envidia, cosecha mediocridad; quien siembra admiración, cosecha grandeza. Si siembras amistad,

---

[84] Atkinson, David. El mensaje de Ruth, 1991: p. 70.71.

cosechas compromiso; quien siembra contiendas, cosecha soledad. Quien siembra odio, cosecha amargura; quien siembra amor, cosecha ternura.[85]

La Biblia dice que el que siembra con lágrimas, volverá con alegría trayendo sus gavillas (Sal 126:5,6). El que siembra abundantemente, abundantemente segará (2 Corintios 9:6). Necesitamos aprender a sembrar semillas en la vida de los demás. Necesitamos ser generosos en nuestras acciones, pródigos en nuestros elogios y trascendentes en nuestras reacciones. Necesitamos bendecir, en lugar de maldecir; perdonar, en lugar de abrazarte el pecho, te hace daño; ejercer misericordia en lugar de aplastar a aquellos que ya están heridos como cañas rotas.

Ruth le entregó su pobreza a su suegra. Ella sembró desde la tierra lo que tenía en la vida de su suegra, y Dios multiplicó su siembra. Nunca eres tan pobre que no puedas sembrar en la vida de otras personas. El alma generosa prosperará. Cuanto más das, más tienes para dar. Cuando retienes más de lo que es justo, eso es pura pérdida. Cuando acumulas más de lo que puedes usar, tus tesoros se entregan a la polilla y al óxido.

Noemí, fue una mujer dispuesta a cambiar de actitud. Dos hechos son dignos de observación sobre la actitud de Noemí:

En primer lugar, Noemí, es una mujer que se detiene a murmurar para exaltar a Dios (2:19). Noemí vivió un período de su vida amarga contra Dios. Atribuyó todas sus desgracias a Dios (1:13; 1:20,21). Por primera vez abre la boca para bendecir. Ella bendice a Boaz y a Dios. Su pesimismo enfermizo se cura al ver la mirada de la divina providencia sonriéndole.

Warren Wiersbe comenta que la última vez que vimos a Noemí, ella estaba compartiendo su amargura con las mujeres de Belén y culpando a Dios por su infelicidad y pobreza (1:20,21).

---

[85] Gondim, Ricardo. Cree en la posibilidad de la victoria, 1995: p. 50.

Cuando Ruth pidió permiso para recoger los campos, Naomi simplemente dijo: "¡Ve, hija mía!" (2:2). No le dio a su nuera ninguna palabra de aliento, ni siquiera prometió orar por ella. Ahora escuchamos una nueva palabra de labios de Noemí: "Bendito" (2:19,20). ¡Ella no sólo bendijo al benefactor de Ruth sino que también bendijo al Señor! Pasó de estar amargada a ser bendecida. ¡Qué gran cambio en el corazón de esta afligida viuda! Esto sucedió como resultado de una nueva esperanza. La esperanza de Noemí procedía de quién era Boaz, de lo que hizo y de lo que dijo Boaz.[86]

Shaddai, el Dios todo suficiente, que antes parecía haberlos abandonado (los tres hombres de la familia murieron [1:3-5]), ahora les sonríe. Detrás de la providencia ceñuda apareció ahora el rostro sonriente de Dios. El regreso de Ruth a la casa donde estuvo Noemí puso fin al vacío que sentía, llenando a la anciana de expectativa, un sentimiento de gratitud y esperanza. El éxito de Ruth revivió el espíritu de Noemí; y bendijo a Boaz (2:19) y al Señor (2:20).[87]

Necesitamos quitar la vista de las circunstancias y ponerla en el Señor. Necesitamos dejar de lamentarnos y comenzar a bendecir. Necesitamos mirar la vida desde la perspectiva de Dios.

En segundo lugar, Noemí, una mujer que tiene discernimiento espiritual (2:20). Noemí ve en Boaz no sólo a un hombre generoso, sino también al pariente redentor de la familia. Ella discierne que el futuro de su familia está en manos de este hombre rico y afable. Ella abre los ojos de Ruth a un nuevo futuro y nuevas posibilidades. Noemí le explicó a Ruth la ley sobre el pariente del rescate (ver Levítico 25:47-55). La seguridad de Noemí no se basó únicamente en la bondad y el amor que Boaz mostró por

---

[86] Wiersbe, Warren W Comentario bíblico expositivo. Vol. 2, 2006: pág.184.
[87] Champlin, Russell Norman. El Antiguo Testamento interpretado versículo por versículo. Vol. 2, 2003: pág. 1105.

Ruth. Fue el principio de redención que Dios había escrito en Su Palabra lo que le dio a Noemí la certeza que Boaz las rescataría.

Dos términos son fundamentales para entender esta hermosa historia: *levir* y *goel*. Boaz era tanto el *levir* como el *goel* de Ruth y Noemí.

¿Qué significa el término *levir*? *Levir* es una palabra latina que se traduce del hebreo como "cuñado." El levirato regulaba las costumbres relativas al matrimonio cuando moría el hombre de la casa. Si un hombre moría sin dejar hijos, el "nombre" del difunto se perpetuaba a través del matrimonio de la viuda con otro hombre (el hermano del difunto o el pariente más cercano) y a través de los hijos que ella tenía con él, "detiene" a los muertos (Dt 25:5-10). En la historia de Ruth, los deberes del levirato pasaban al pariente más cercano.[88] Según una tradición rabínica, Boaz era sobrino de Elimelec.[89] Por esta razón, podía ser legalmente el marido de Ruth y criar un descendiente legítimo para perpetuar la descendencia de Malom.

¿Qué significa el término *goel*? *Goel* era el protector, el pariente más cercano cuyo deber era actuar como "redentor" de la propiedad (Lev 25:25-28) y de la persona (Lev 25:47-49). Un israelita empobrecido que se vendió como esclavo debe ser redimido por el *goel* (Lev 25:55).[90] Boaz fue el redentor de Noemí y Ruth. Redimió la propiedad de Noemí y le devolvió lo que alguna vez tuvo. De una manera mucho más profunda, Dios nos redimió, nos compró a un precio alto y nos dio Su gloriosa herencia. Éramos esclavos del pecado, pero fuimos liberados, redimidos y hechos herederos de Dios.

Destacamos cinco lecciones prácticas del estudio de este texto: En primer lugar, los accidentes humanos en realidad son

---

[88] Atkinson, David. El mensaje de Ruth, 1991: p. 94.

[89] Keil, C. F. y Delitzsch, F. Comentario al Antiguo Testamento. vol. 2, 1980: pág. 477.

[90] Atkinson, David. El mensaje de Ruth, 1991: p. 94-96.

providencias divinas (2:1-3). Walter Baxendale, citado por Robert McCheyne, dice: "Si pudiéramos ver el fin como lo ve Dios, podríamos ver que cada acontecimiento tiene como objetivo el fin de los hijos de Dios."[91] Leon Morris dice que la expresión "por casualidad" o "ella tuvo suerte" es la traducción de una expresión que deja bastante claro que Ruth no había entendido el significado completo de lo que estaba haciendo. No conocía a la gente ni a los dueños de la tierra. Ella fue al campo y, aparentemente por casualidad, trabajó en una porción particular del campo que pertenecía a Boaz. Este hecho resalta la verdad que los hombres no controlan los acontecimientos, pero la mano de Dios está detrás de ellos, mientras promueve Sus propósitos. Ella vino a este campo, y no a otro, y este hecho la llevó a conocer a Boaz y a casarse posteriormente con él; y todo lo involucrado, incluido el hecho que condujo al nacimiento de David, fue parte de estos propósitos divinos.[92] De hecho, la mano de Dios guio toda la acción de Ruth.

La Biblia dice que todas las cosas ayudan al bien de quienes aman a Dios (Rm 8:28). Esto no es una hipótesis o una mera posibilidad, sino un hecho real. Las cosas no funcionan sólo por coincidencia. No se alinean con la influencia de las estrellas. No encajan en un determinismo ciego. Dios es quien teje las circunstancias de nuestra vida, incluso aquellas que nos resultan más amargas.

Obviamente, no pretendemos que todas las cosas que nos suceden sean buenas. Lo que señalamos es que Dios transforma incluso las circunstancias adversas en cosas buenas. Cuando los hermanos de José conspiraron contra él vendiéndolo como esclavo en Egipto, esa fue una acción malvada. Sin embargo, Dios la transformó en un dobladillo para José y para toda su familia (Gen

---

[91] Baxendale, Walter. El comentario homilético del predicador. Vol. 7, 1996: pág. 96.

[92] Cundall, Arthur E. y Morris, León. Jueces y Ruth: introducción y comentario, 2006: p. 254.

50:20). Tampoco afirmamos que todas las cosas contribuyan al bien de todas las personas. Los que siembran para la carne, de la carne cosechan corrupción; quien siembra viento, cosecha tormenta. Sin embargo, quienes aman a Dios se dan cuenta que Dios obra para ellos. A sus amados, Dios les da pan mientras duermen.

En segundo lugar, el bien que haces a los demás vuelve a ti mismo (2:11,12). Cada acción provoca una reacción igual y opuesta. Esta es una ley de la física. También hay una ley espiritual universal: "[...] cierto que si cada uno hace algo bueno, lo recibirá nuevamente del Señor..." (Ef 6:8). El apóstol Pablo expresa este mismo principio en otras palabras: "[...] porque todo lo que el hombre siembra, eso también segará" (Gal 6:7). En este mismo sentido, el apóstol Pablo continúa: "Y esto digo: el que siembra escasamente, escasamente segará; y el que siembra abundantemente, abundantemente también segará" (2 Corintios 9:6).

Ruth invirtió en su marido, en su suegra y ahora recoge las abundantes gavillas de su afortunada siembra. Ella bendijo a otros y ahora está siendo bendecida. Jesús dijo: "Más bienaventurado es dar que recibir" (Hechos 20:35). Ruth hizo de su vida un semillero en la vida de los demás; ahora está cosechando abundantes frutos de su inversión. Dale Carnegie, en su libro *Cómo ganar amigos e influir en las personas*, dice que si quieres hacer amigos, debes ser un amigo.

En tercer lugar, nunca estarás indefenso si buscas refugio bajo las alas de Dios (2:12). Ruth, antes de llegar a Israel, creía en el Dios de Israel; antes de entrar en los campos de Belén, la Casa del Pan, ya había satisfecho su hambre en lo que es el Pan de Vida. Todo aquel que busca refugio bajo las alas del Todopoderoso encuentra refugio seguro. Dios nunca abandona a quienes esperan en Él.

Ruth no busca refugio en el dinero ni en el matrimonio, sino en Dios, y Dios le dio dinero y matrimonio. La Biblia dice:

"Deléitate en el Señor, y él te concederá los deseos de tu corazón" (Sal 37:4).

Estamos dejando de lado el evangelio amigo, el Evangelio de la cruz, y abrazando otro evangelio, híbrido, sincrético, antropocéntrico. La predicación contemporánea enfatiza que Dios es quien está al servicio del hombre, y no el hombre al servicio de Dios. La predicación moderna ya no proclama que la voluntad de Dios debe hacerse en la tierra, sino que la voluntad del hombre debe prevalecer en el cielo. Los templos evangélicos están llenos de gente que no tiene hambre de Dios, sino gente ansiosa por las bendiciones de Dios. No quieren a Dios, sino las bendiciones de Dios. Ruth nos enseña que sólo Dios satisface. Solo Él ofrece verdadero refugio. Ruth nos enseña que el refugio del hombre es insuficiente, débil e incapaz de darnos seguridad.

El dinero no satisface. El matrimonio no satisface. Las victorias terrenales no son suficientes. Estas cosas, por excelentes que sean, no pueden ser un sustituto de Dios en nuestras vidas. Necesitamos buscar refugio en Dios y las cosas de Dios.

En cuarto lugar, nunca desprecies el día de los pequeños (2:15,16). La Biblia nos enseña a no despreciar el día de los pequeños comienzos. Ruth estaba dispuesta a realizar un trabajo humilde, como una mujer pobre y completamente necesitada. Pero ese fue el primer paso de un glorioso ascenso. Una noche de desvelo del rey Asuero produjo una gran revolución a favor del pueblo judío (Et 6:1-14). Los grandes edificios se construyen sobre cimientos profundos. En la fidelidad de Ruth, la naturaleza humana de nuestro Redentor encuentra un antepasado. Nunca eres tan grande como cuando eres humilde. Aquellos que nunca están dispuestos a servir nunca podrán ejercer la autoridad con grandeza.

El mayor de todos los hombres se ciñó una toalla y lavó los pies de sus discípulos (Qo 13:13).

Antes del honor viene la humildad. Debido a que Ruth tuvo el coraje de humillarse, Dios la exaltó. Porque se despojó de toda vanidad, Dios la honró. Porque ella si estaba dispuesta a trabajar con honor en la escasez, Dios le dio abundante prosperidad. Debido a que ella invirtió generosamente en la vida de los demás, Dios sembró abundantemente en su vida.

Ten la humildad de empezar desde abajo. Tener la humildad de recibir un salario mínimo. Tener la humildad de realizar el trabajo más sencillo en la empresa, en el hogar y en la iglesia. Las cosas grandes alguna vez fueron pequeñas. Un árbol grande está potencialmente dentro de una semilla pequeña.

Quinto, deja atrás tu amargura y comienza a bendecir a Dios (2:19,20). Noemí necesitaba ver el cambio de circunstancias para cambiar su actitud. Toma lo necesario para ver las marcas en las manos de Jesús para poder reconocer la realidad de su resurrección. El desafío de Dios para nosotros; sin embargo, creemos para ver, no ver para creer. El desafío de Dios es cantar no sólo después de la llegada del alba, pero cantan a pesar de la noche oscura. Creemos en Dios que inspira cánticos de alabanza en las noches oscuras (Juan 35:10).

Noemí dejó a un lado su amargura (1:13,20,21) y comenzó a bendecir (2:19,20). La amargura destruye tu alegría, te roba la energía y viste de luto tu alma. La amargura te impide vivir en comunión con Dios, con los demás y contigo mismo. La vida se vuelve una pesada carga y un montón de escombros cuando albergas amargura en tu corazón. Por otro lado, cuando tus labios se abren para glorificar a Dios y bendecir a las personas, un nuevo horizonte se extiende ante tus ojos.

Capítulo 5
Hogar, fuente de gran felicidad
(Rt 3,1-18)

Warren Wiersbe afirma correctamente que el libro de Ruth es mucho más que el relato del matrimonio de un extranjero rechazado con una respetada élite israelí. También es un retrato de la relación de Cristo con su Iglesia.[93] El matrimonio es un estado honorable. Fue instituido por Dios para la felicidad de los seres humanos. Debemos orar fervientemente, pidiendo la guía de Dios para esta decisión esencial de la vida. Los padres deben aconsejar cuidadosamente a sus hijos sobre este importante tema si quieren tener éxito.[94] El matrimonio puede ser un lecho de flores o un desierto árido; podría ser una fuente de alegría, un lugar de amargura; puede ser un anticipo del cielo o un presagio del tormento del infierno.

El matrimonio está siendo amenazado por muchos enemigos.

El hombre contemporáneo está banalizando esta sacrosanta y antigua institución divina. Hay más apoyo al divorcio que al matrimonio. Los matrimonios más elogiados y promocionados por la prensa se están desmoronando incluso antes de echar raíces. Los casos de infidelidad y el número de divorcios se multiplican. Pocas

---

[93] Wiersbe, Warren W Comentario bíblico expositivo. Vol. 2, 2006: pág. 186.

[94] Collins, Owen. El comentario clásico de la Biblia, 1999: p. 224.

parejas están dispuestas a afrontar juntas los desafíos de la vida y superar juntas las crisis inherentes a la vida matrimonial.

En este contexto turbulento, el mensaje del libro de Ruth es de vital importancia. El matrimonio fue diseñado por Dios para ser una fuente de alegría, no un flagelo para el alma. El cónyuge debe ser un aliviador de tensiones, no un verdugo emocional. La vida conyugal debe construirse sobre los fundamentos sólidos del amor puro, y no sobre los fundamentos miserables de la pasión carnal.

Antes de entrar en la exposición del capítulo tres de Ruth, a modo de introducción, destacamos tres puntos:

En primer lugar, las tragedias que nos afectan no tienen la última palabra en nuestras vidas. El libro de Ruth cuenta la saga de una familia temerosa de Dios que, en tiempos de hambruna, abandonó su ciudad en busca de supervivencia y encontró su propia muerte.

Elimelec, Noemí, Mahlón y Quiliom eran un pueblo rico, que vivía en Belén, la Casa del Pan (1:1,2). Pertenecían a la aristocracia de Belén y tenían una vida tranquila. Era la época de los jueces, una época de repetidas crisis y de gran inestabilidad política, económica, moral y espiritual. Cada uno siguió su propio camino, la gente deambulaba y sin el norte verdadero. En aquella época faltaba pan en la Casa del Pan. En lugar de buscar la dirección de Dios, esta familia huye a Moab. Buscando seguridad, encontraron la enfermedad. Corriendo tras la vida, se encontraron con su propia muerte. En Moab, Elimelec, Mahlón y Quelión buscaron sobrevivir y encontraron la muerte. No encontraron prosperidad, sino una tumba.

Ahora Noemí quedó sola, desamparada, con dos nueras viudas, en tierra extranjera. Sin embargo, hubo un rumor en Moab que Dios había visitado a su pueblo y les había dado pan (1:6). Para Noemí, no se trataba sólo de una cuestión económica o de un nuevo horizonte social que estaba surgiendo, sino de una visita de Dios. Ella miraba la vida desde la perspectiva de Dios.

A su regreso a su tierra natal, su nuera Ruth regresó con ella e hizo una alianza con ella. Prometió seguirla por los caminos de la vida y la muerte. Prometió ser fiel a ella, a su pueblo y a su Dios (1:16,17). Aquí comienza una de las historias más hermosas de la Biblia. El ceño de la tragedia da a esas dos pobres viudas una amplia sonrisa. Del medio de la oscuridad emerge una luz aurífera. Pobreza extrema prevé la llegada de una gran riqueza. La soledad abrumadora se enfrenta a la vida más feliz. Noemí vio un nuevo horizonte en la vida de Ruth que cambiaría su vida para siempre. Este cambio radical y bendito pasaría por la experiencia del matrimonio de Ruth con Boaz. Noemí buscó un hogar para su nuera (3:1). Quería que su nuera se casara, fuera feliz y tuviera un hijo para perpetuar la memoria de su familia.

En segundo lugar, el llanto puede durar toda la noche, pero la alegría llega por la mañana. La crisis no dura para siempre. La vida no está hecha sólo de turbulencias. Después de la tormenta viene la bonanza. Después del llanto viene la alegría. Después del dolor viene el refrigerio. Después de momentos de tristeza, se abre una puerta para Ruth y Naomi y un nuevo futuro se abre ante sus ojos. Dios no sólo preparó un esposo para Ruth, sino un redentor para ambos. Dios no sólo le dio a Ruth un hogar, sino un hogar feliz. Dios no sólo la hizo una mujer rica, sino abuela del gran Rey David y la antepasado del Mesías (4:17; Mt 1:5).

En tercer lugar, la felicidad no es un lugar al que ir, sino una manera de caminar. Muchos buscan ansiosamente la felicidad y no la encuentran, porque no es un fin en sí mismo. La felicidad no está aquí, allí ni en ningún otro lugar. La felicidad tiene mucho más que ver con la forma en la que caminas que con el lugar al que llegas. Ruth buscó refugio bajo las alas de Dios y Él satisfizo los deseos de su corazón. La Palabra de Dios dice: "Deléitate en el Señor, y él te concederá los deseos de tu corazón" (Sal 37:4).

No hay nada de malo en querer la felicidad. Dios nos creó para experimentarlo en su plenitud.

El problema es conformarse con la felicidad mundana, carnal y temporal. Dios nos creó para el mayor de todos los placeres: conocerlo y amarlo. El mayor de todos los placeres de la vida es glorificar a Dios y disfrutarlo para siempre. Este es el mayor propósito de la existencia humana. Éste es el fin principal del hombre. Dios es nuestro mayor deleite. En Él y sólo en Él puede la felicidad hacerse realidad. Ruth buscó a Dios y Él le dio un hogar y la hizo feliz.

En este texto examinaremos algunas lecciones sobre cómo ser feliz en casa:

Nuestra felicidad necesita construirse desde casa (3:1-5)

Destacamos tres verdades importantes:

En primer lugar, la felicidad no es un fin en sí misma (3:1). Muchas personas buscan la felicidad como si fuera un tesoro que se descubre al final del viaje. Pero la felicidad se conoce más en cómo se vive que en dónde se llega. Fernao Dias Paes Leme, el pionero de las esmeraldas, se adentró en los bosques en busca de encantadoras piedras verdes. Hizo de esta búsqueda la mayor obsesión de su vida. Al final, con una bolsa llena de piedras, pero con los dedos temblando por la fiebre, cayó al suelo agonizante, apretando la bolsa de piedras contra su pecho, como si quisiera enterrarlas en su corazón. ¡Pobre hombre! El brillo de las piedras no pudo satisfacer su alma ni llenar su corazón de verdadera felicidad.

Muchos buscan la felicidad en el lugar equivocado: en el dinero, el poder, la fama, el éxito. Mucha gente viene a la cima de la pirámide social, pero siguen siendo infelices. Dios ha puesto la eternidad en el corazón del hombre y los objetos no pueden satisfacerlo. Hay un vacío dentro del hombre que nada en este mundo puede llenar.

El rey Salomón distorsionó como nadie el significado del matrimonio y la familia. Tuvo mil esposas: setecientas princesas y trescientas concubinas. Sin embargo, lejos de encontrar la felicidad en esta multiplicidad de relaciones, encontró decepción. Este rey, que obtuvo riquezas y acumuló muchos tesoros, buscó la felicidad en la bebida, el dinero, el sexo y la fama. Sin embargo, lo único que encontró fue vanidad (Ee 2:1-11). La palabra "vanidad" significa pompa de jabón. Tiene color, pero no contenido; es hermosa a la vista, pero vacía de contenido.

En segundo lugar, la felicidad no se puede construir al margen de la familia (3:1). Mucha gente quiere la felicidad a cualquier precio. Muchos buscan construir su felicidad sobre los escombros de la infelicidad de otras personas. Quieren una felicidad egoísta, una felicidad en el pecado, una felicidad que les cueste el matrimonio y la vida de sus hijos. Esta felicidad dura poco y al final tiene un sabor amargo.

¿Cuántas personas hay que, en busca de riquezas, olvidan a su cónyuge y abandonan a sus hijos? Cuántos son los que traicionan los votos hechos en el altar, rompen las promesas hechas en la presencia de Dios y rompen la alianza matrimonial para vivir aventuras llenas de pasión. En esta carrera loca, pisotean a su cónyuge, lastiman a su familia, aplastan emocionalmente a sus hijos y dejan tras de sí un rastro ignominioso de grandes desgracias. El diablo es un estafador, y el pecado es un fraude. El pecado no vale el placer que ofrece. huele a azufre. La muerte está presente en el ADN del pecado. Así como es imposible coger higos de los espinos, también es imposible experimentar la verdadera felicidad en el pecado. Ningún éxito compensa el fracaso familiar. Muchos se dejan seducir por la fascinación de la riqueza y acaban llevando a su familia a la destrucción.

El abogado del diablo retrata con colores vivos el peligro de revertir las prioridades de la vida, sacrificar el matrimonio y regodearse de los valores absolutos para alcanzar la riqueza.

El final de esa línea es el dolor, la frustración y la muerte.

En tercer lugar, las personas más felices son aquellas que comprenden que la felicidad no se puede construir sacrificando la familia (3:1). La Biblia dice que Lot, en busca de riquezas, llevó a su familia a Sodoma y allí perdió no sólo sus riquezas, sino también a su familia. El rey David, para satisfacer un hogar, fuente de gran felicidad, el deseo sexual prohibido con Betsabé, hundió a su familia en un mar de sangre, conspiraciones y muertes. Salomón, en la búsqueda de la felicidad en sus múltiples matrimonios, perdió su corazón y su fe genuina en Dios.

La verdadera felicidad debe construirse en torno a la familia. Es mejor ser pobre si hay armonía en el hogar del que celebrar banquetes con contiendas. Un nombre nato es mejor que la riqueza. Una mujer virtuosa vale más que las joyas finas. Un matrimonio feliz y más excelente que la fortuna más poderosa. John Rockefeller dijo que nunca había conocido a alguien tan pobre como alguien que sólo tuviera dinero. El dinero en sí no trae la felicidad. Las personas más felices no son las que más tienen. Los más felices no son los que viven fanfarrones, llenos de sí mismos, sino los que llegan a casa con el salario de un trabajo honesto. Nada se compara con una familia unida, donde el amor es el fundamento de la comunión.

Las frustraciones del pasado no pueden impedir nuestra felicidad hoy (3:1)

Los problemas que nos aquejan pueden traernos grandes problemas: el marido y los hijos de Noemí murieron prematuramente. Abraham murió lleno de días. Job vio a los hijos de los hijos hasta la cuarta generación. Pero Elimelec y sus hijos murieron sin dejar ni un solo descendiente. La muerte prematura trae consigo grandes inconvenientes y una profunda angustia. Un amigo médico, que había perdido a su hijo de 17 años, estudiante de Medicina, a causa de una enfermedad de repente, lloró desconsoladamente diciendo que no podía aceptar que su hijo se hubiera saltado la fila y se le hubiera adelantado. Aquel hombre nunca logró superar el dolor que asolaba su pecho. Naomi ahora no tiene marido, ni hijos, ni dinero. Parece que todo ha terminado. Sin embargo, de las espesas sombras del sufrimiento emerge una luz de esperanza. De las cenizas de la derrota surge un presagio de una victoria sin precedentes. En los espejismos del desierto vislumbra el oasis que alimentó su alma. Cuando nuestros recursos se agotan, los graneros de Dios permanecen llenos. Cuando perdemos el control, Dios continúa guiándonos al triunfo.

Algunos datos nos llaman la atención:

Primero, las tragedias pasadas pueden producir gran amargura en nuestras almas (1:20). Noemí salió feliz de Belén y regresó amargada. En diez años perdió sus posesiones, su marido, sus hijos, sus sueños. Quiere cambiar su nombre. Noemí significa feliz, gozosa. Quiere que la llamen Mara, que significa amargura. Los problemas de la vida pueden amargarnos el alma, pueden robarnos los sueños. Noemí perdió el motivo de sonreír. La felicidad ha huido de su vida y sufre tristezas sin consuelo y dolores sin cura. Grandes torrentes de pérdidas cayeron sobre su casa. Las avalanchas rodaron por los escarpados acantilados e inundaron su vida, llenando su pecho de dolor y amargura. Erigió un monumento permanente para conmemorar su dolor. Ella cambió su nombre. Reescribió su historia y la nueva versión era más oscura que la primera.

En segundo lugar, las tragedias pasadas pueden nublar nuestra percepción espiritual (1:21). Noemí pensó que Dios estaba en su contra. Ella miraba la vida a través de lentes oscuros e interpretaba las divinas providencias desde una perspectiva errónea. Ella sólo podía ver el castigo de Dios, no su providencia. Noemí no sólo estaba triste; estaba triste con Dios. Ella responsabilizó a Dios por su tragedia. Noemí vio a Dios como su enemigo, no como sería una fuente de gran felicidad, Su refugio. Ella pensó que Dios estaba trabajando en su contra, no a favor de ella. Levantó la voz para desahogar su dolor contra Dios, en lugar de exaltar y glorificar a Dios.

Muchos, incluso hoy, miran la vida desde adentro hacia afuera. Ven las provisiones de Dios como una maraña de gran confusión sin ningún propósito. Por lo tanto, pierden dos: pierden el gozo y pierden la comunión con Dios. Lo ven como un verdugo, no un consolador. No encuentran en Él refugio, sino un gran tormento.

En tercer lugar, las tragedias del pasado no son permanentes; la crisis no dura para siempre (3:1). No sólo Noemí, sino también Ruth tenían todo para desesperar de la vida. Ella era gentil. Había perdido a su suegro, a su cuñado, a su marido. Ruth no tuvo hijos. Tiene una suegra viuda, pobre e indefensa. Está en tierra extranjera, lejos de su familia. En aquella época, ser viuda pobre significaba estar completamente indefensa.

Sin embargo, cuando estás al final de la línea, en el fondo del hoyo, al agotarse tus recursos, sintiéndote en tierra extraña, Dios puede intervenir, puede cambiar el escenario, puede abrirte la puerta de la esperanza. A la viuda pobre, Dios no sólo dio un esposo justo, bondadoso y leal, sino un esposo rico y lleno de la gracia de Dios. La divina providencia le proporcionó no sólo una casa llena de bienes, sino también llena de felicidad. Dios puede hacerte feliz incluso hoy.

En cuarto lugar, la felicidad no consiste sólo en tener un cónyuge, sino un hogar (3:1). Noemí no buscó marido para Ruth, sino un hogar. Muchos sólo quieren casarse y por eso toman decisiones apresuradas. Es mejor estar solo que apresurarse a casarse. La Biblia dice que la prudencia viene del Señor. La Palabra de Dios dice que quien encuentra esposa, ha encontrado la benevolencia del Señor. ¡No busque simplemente un cónyuge; busca un hogar!

El matrimonio es un paso demasiado serio para darlo sin reflexión. Un matrimonio apresurado puede ser motivo de más dolor que alegría, más llanto que sonrisa, más infelicidad que placer.

Escuche los consejos de personas más experimentadas. Tenga cuidado al buscar cónyuge. Necesitas un hogar, no sólo un cónyuge.

La felicidad en el hogar necesita construirse sobre el fundamento firme de Dios (3:1)

Destacamos dos puntos:

En primer lugar, la felicidad de Ruth radica en el hecho que primero se convirtió a Dios, antes de buscar marido (2:12; 2:16,17; 3:10). Ruth era moabita. Ella era adoradora de una deidad pagana, el dios Chamos. Ella no conocía al Dios vivo. Pero tan pronto como murió su marido, ella dejó su tierra, sus parientes, sus dioses y abrazó al Dios de su suegra. Se convirtió al Dios vivo. Ella dijo: "Dondequiera que vayas, yo iré; dondequiera que vivas, allí me alojaré; tu pueblo es mi pueblo, tu Dios es mi Dios. Dondequiera que mueras, yo moriré, y allí seré sepultada; que el Señor, haga de mí lo que le plazca, si nada más que la muerte me separa de ti" (1:16,17).

Uno de los mayores problemas del matrimonio mixto es que la persona primero busca a su cónyuge antes de buscar a Dios; busca tu voluntad más que la voluntad de Dios.

Debido a que Ruth buscó a Dios primero, Dios le dio un esposo rico, generoso y creyente, y ella se convirtió en la abuela del gran rey David y miembro de la genealogía del Mesías. ¡Dios honra a quienes lo honran!

En segundo lugar, la felicidad de Ruth radica en el hecho que, al buscar a Dios primero, no sólo encontró un marido sino también un redentor (3:9). Boaz fue un *levir* y un redentor de Ruth. La ley de Moisés exigía que si un hombre moría sin dejar hijos, un pariente cercano podía casarse con la viuda (Dt 25:5-10), perpetuando de ahí el apellido. Ruth era una viuda sin hijos. Su suegra ya no tenía hijos con quienes casarse. Boaz, a su vez, era pariente cercano de Elimelec. Por lo tanto, él estaba calificado para ser el redentor de Ruth al casarse con ella. Lo importante es que él no sólo era calificado, pero también dispuesto a casarse con ella.[95] Boaz perpetuó a los descendientes de Elimelec y Mahlón, y también sacó a Ruth y Noemí de la pobreza. La Palabra de Dios dice: "Deléitate en el Señor, y él te concederá los deseos de tu corazón" (Sal 37:4).

La Biblia dice que Ruth casualmente fue a buscar al campo de Boaz. Boaz la vio casualmente. Casualmente se encariñó con ella. Sin embargo, nuestros accidentes son manifestaciones expresas de la divina providencia (2:20). Todas las cosas ayudan a bien a los que aman a Dios.

La felicidad en el hogar debe implicar la integridad de los cónyuges (3:11)

Veamos los atributos morales de Ruth y Boaz:

En primer lugar, Ruth era una mujer de grandes cualidades morales (3:11). La felicidad de Ruth estaba pavimentada por su propia vida. Veamos algunos atributos de esta joven viuda moabita:

Ruth era una mujer convertida al Dios vivo (1:16,17). Ruth, a semejanza de Abraham, dejó a sus parientes y se fue a una tierra lejana debido a su fe en el Dios vivo. Dios se convirtió en su Señor. Ruth buscó refugio bajo las alas de Dios, y Boaz la llama bendita por Dios (3:10).

Ruth era una mujer trabajadora (2:2,15-17). Ruth es una mujer diligente, que tiene el coraje de trabajar y hace todo lo que está a su alcance. Ella no era una pieza de porcelana, ni un vaso de cristal. Ruth era fuerte, tenía puños de acero y manos entrenadas para el trabajo.

Ruth era una mujer que tenía una hermosa relación con su suegra (1:16,17; 2:11,12,18,22,23; 3:1; 4.15). Piedad, hizo una alianza amorosa con su suegra. Noemí trata a Ruth como a una hija. El amor y el cuidado de Ruth por Noemí ya eran un hecho conocido

---

[95] MacDonald, William. Comentario bíblico del creyente, 1995: pág. 291.

en la ciudad de Belén (2:11,12). La fama de Ruth la precedió en Belén. Ruth es una mujer leal. No desprecia a su suegra en cuanto las cosas empiezan a mejorar para ella. Los dos se aman profundamente. La consejera de Noemí es Ruth; Ruth, discípula de Noemí. Incluso después que Ruth se casó y tuvo un hijo, se decía de ella: "[...] mejor es tu nuera, que te ama [...] que siete hijos" (4:15). Ruth era una mujer de buen testimonio en toda la ciudad (3:11). Ruth fue una mujer que impactó a la ciudad no por su belleza, sino por sus virtudes. Su belleza interior era más espléndida que su belleza exterior. El mayor activo que tenemos es nuestro nombre, nuestro carácter.

Un nombre nato vale más que las riquezas.

En segundo lugar, Boaz era un hombre de grandes cualidades morales (3:8-10). En este texto se destacan tres atributos de Boaz:

Boaz era un hombre íntegro (3:8-10). Una mujer joven, bella, bien vestida y perfumada está a sus pies en medio de la noche. Si no hubiera sido un hombre íntegro, habría abusado de Ruth en esa circunstancia. El mayor desafío a la integridad es cuando no hay ojos puestos en ti. El secreto más secreto aquí en la tierra es un escándalo abierto en el cielo.[96]

Un pastor que estaba de viaje en el extranjero creyó como nadie lo conocía decidió beber whisky. Después de la octava dosis, ya con dificultad para hablar, pidió otra dosis a la azafata, pero ella le dijo: "Pastor, creo que deberías parar." La azafata era creyente y conocía al pastor.[97]

Ricardo Gondim dice que Boaz se mantuvo sano en dos circunstancias diferentes:[98]

---

[96] Gondim, Ricardo. Cree en la posibilidad de la victoria, 1995: p. 65.

[97] Ídem.

[98] Gondim, Ricardo. Cree en la posibilidad de la victoria, 1995: p. 65,66.

Primero, sea honesto y cumpla con sus principios incluso cuando la gente no lo esté mirando. El mayor desafío para la integridad es cuando no hay ojos cerca de ti. Boaz se mantiene sano después de beber vino, por la noche, en el hueco de su era, teniendo esposa.

Hermosa chica acostada a sus pies. El concepto de integridad es no actuar hipócritamente en presencia de conocidos. Eres la persona que se revela cuando estás lejos de los focos.

En segundo lugar, ser honesto y saber afrontar la vulnerabilidad de los demás. Hay muchos que manipulan, explotan, se aprovechan de las debilidades de los demás para sacar provecho. Sea honesto y sea respetuoso. Boaz no se aprovecha de Ruth. Él la bendice. Él la ama, pero quiere hacer las cosas bien, en su propio tiempo. ¡Él sabe esperar!

Boaz era un hombre generoso (3:15-17). Boaz hizo más de lo que exigía la ley. Fue más allá. Fue generoso (2:15,16). Ahora, Boaz no permite que Ruth regrese con su suegra con las manos vacías. Él es una bendición. Él tiene tu corazón; lleno de generosidad y con las manos abiertas para ofrecer. ¿Has sido generoso en tu hogar? ¿Eres generoso con la gente? Tuve el gran privilegio de quedarme realizado en casa de un sacerdote en la ciudad de Brasilia. Es un hombre próspero y generoso. Cuando bajó de su habitación para desayunar, el domingo antes del servicio, me entregó un sobre. Pensé que era una petición de oración. Cuando lo abrí, era una oferta. Luego me explicó: Dios me ha dado más de lo que necesito. Ha sido generoso conmigo. Entonces, decidí que cada vez que reciba a una persona o conozca a un pastor, un siervo de Dios, le daré una ofrenda de amor. Mi corazón se conmovió ante aquel gesto y, una vez más, vi cumplida la Palabra de Dios: "El alma generosa prosperará."

¡Boaz era un buen hombre! (3:2,13). Boaz se enamoró de Ruth desde el primer día que la vio. Las virtudes de Ruth destacaban ante sus ojos, y se propuso revelarlas a ella y a los demás a través de la generosidad con la que la trataba. Sin embargo, cuando Ruth le pidió que fuera su redentor, él fue honesto con ella y le dijo que había otro que tenía derecho a redimirla. Boaz no hizo maniobras ni lanzas ni utilizó ningún artificio para perseguir sus propios intereses. Boaz era un hombre de carácter.

La felicidad en el hogar debe implicar el cuidado de la belleza interior y exterior (3:3,4)

Está claro que Ruth cuidó su belleza interior y exterior.

En primer lugar, Ruth cuida su belleza interior (3:11). Ruth era una mujer conocida en la ciudad de Belén por su integridad: "[...] toda la ciudad de mi pueblo sabe que eres una mujer virtuosa" (3:11). La Biblia dice: "Engañosa y vana es la hermosura, pero la mujer que teme a Jehová será alabada" (Proverbios 31:30). La Palabra de Dios afirma además: "No dejes que el adorno de la mujer sea el adorno de la mujer que es externo, como el friz del cabello, adornos de oro, aparatos de vestir; sino el hombre interior del corazón, unido con el manto incorruptible de un espíritu afable y apacible, que es de gran valor delante de Dios" (1 Pedro 3:3,4).

La Biblia dice: "[...] mujeres, vestidas decentemente, vístete con modestia y sensatez, no con cabello rizado, ni con oro, ni con perlas, ni con vestidos caros, sino con buenas obras, como lo hacen las mujeres que profesan ser piadosas" (1 Tim 2:9,10).

Las virtudes de Ruth son más prominentes que sus dones físicos. La base de un matrimonio feliz no es la belleza física, que se desvanece con los años. Llegan las arrugas. El pelo se vuelve blanco. Nuestro vigor se marchita como una flor expuesta al calor del sol. Pero la belleza interior brilla aun más.

En segundo lugar, Ruth cuida su belleza exterior (3:3,4). Ruth quiere formar un hogar. Quiere perpetuar la memoria de su suegro y de su marido. En aquel entonces, que un hombre muriera sin dejar descendencia era terminar de una vez por todas con el sueño de ser parte de la descendencia del Mesías.

Luego, Ruth se prepara como una novia para su boda. Se unge, se pone sus mejores vestidos. Ruth busca marido, un hogar feliz, pero se prepara para ello. Ella se cuida sola. Ella cuida su apariencia. El hombre se despierta con la mirada. A los hombres les gusta mirar y a las mujeres les gusta que las miren.

Aquí vale la pena destacar algunos puntos:

Ruth siguió estrictamente las instrucciones de su suegra, una mujer más experimentada (3:5,6). Noemí era una mujer experimentada. Ya era demasiado mayor para casarse, pero aun conocía las reglas más adecuadas para conquistar a un hombre de carácter.

Obedecer los consejos de personas más experimentadas puede allanar el camino hacia la felicidad.

Ruth asocia la presentación personal con la prudencia (3:3). Ruth se preparó para encontrarse con Boaz. Hubo otros hombres que no habrían dudado en casarse con ella (3:10), pero no pudieron redimirla. Solo un pariente redentor podía hacer esto, y Boaz era ese pariente. En esta preparación, Ruth hizo cinco cosas: se lavó, se ungió, se cambió de ropa, aprendió a presentarse ante Boaz y prometió obedecer. Ruth está bien vestida y perfumada, pero espera el momento adecuado para acercarse a Boaz. La paciencia es la primera característica del amor. Las precipitaciones pueden arruinarlo todo. Hoy tenemos dos extremos: la dejadez o la sensualidad. La sensualidad no puede reemplazar la pureza interior y la modestia.

Se acuesta a los pies de Boaz, no en su regazo.

Ruth es audaz en su enfoque, pero modesta en sus acciones y gestos (3:4,8). Ella no espera el milagro de un matrimonio sentada en su casa. Ella va en dirección a Boaz. Ella camina en la dirección de realizar su sueño. Ella no permanece pasiva, con los brazos cruzados, esperando que algo suceda. Ella toma la iniciativa. Sin embargo, Ruth no se arroja sobre Boaz, recostándose en su regazo.

Ella se acuesta a sus pies. Ella no seduce a Boaz con sus dones físicos, sino que conquista su corazón por sus virtudes morales.

Ruth es concreta y elegante en su propuesta de matrimonio(3:9). Le pide a Boaz que la cubra con su manto, porque él era el candidato legítimo y legal para casarse con ella y crear una descendencia legítima para la familia de Elimelec. Él fue el salvador. Leon Morris dice que "arrojar un manto sobre una mujer sería pedirle que se case con él."[99] David Atkinson, en la misma línea de pensamiento, citando una fuente de gran felicidad, Ezequiel 16:8, dice que extender el manto era una propuesta de matrimonio delicada.[100] Ruth se había colocado debajo de las alas (2:12). Ahora busca colocarse bajo las alas de Boaz (3:9).[101] La palabra para "manto" que aparece aquí en Ruth 3:9 y la misma palabra "alas" que aparece en Ruth 2:12.[102]

Ruth y Boaz son puros en sus acciones (3:14). Es importante señalar que Boaz y Ruth sólo tuvieron una relación sexual después de su matrimonio público (3:14; 4:13). Esto está de acuerdo con el principio de Dios en Génesis 2:24. ¡El sexo antes del matrimonio está completamente en desacuerdo con los principios de Dios!

La felicidad en el hogar depende de la obediencia a los sabios consejos (3:5)

La felicidad depende de asesorarse por las personas más experimentadas. Noemí se convierte en consejera de Ruth, y Ruth en discípula de Noemí. Algunas cosas nos llaman la atención:

En primer lugar, la obediencia de Ruth (3:5). Noemí guía y su nuera obedece. Las costumbres judías del levirato le resultaban

---

[99] Cundall, Arthur E. y Morris, León. Jueces y Ruth: Introducción y comentario, 2006: p. 271.

[100] Atkinson, David. El mensaje de Ruth, 1991: p. 105.

[101] Cundall, Arthur E. y Morris, León. Jueces y Ruth: Introducción y comentario, 2006: p. 273.

[102] Wenham, G. J. et al. Nuevo comentario de la Biblia, 1994: pág. 292.

muy extrañas a Ruth, pero ella obedece y el gran fruto de la fe es la obediencia.[103] La Biblia habla del consejo de una criada en la casa del comandante de Siria. Se curó de su lepra siguiendo el consejo del profeta Eliseo de sumergirse siete veces en el río Jordán.

Mucha gente sufre porque sigue consejos equivocados y busca fuentes venenosas. Pero un buen consejo, en el momento adecuado y con la motivación adecuada, puede ser una bendición. La Biblia dice que las mujeres mayores deben enseñar a las más jóvenes a amar a sus maridos: "En cuanto a las mujeres mayores [...] deben ser maestras de los hombres, para que instruyan a sus jóvenes recién casados a amar a sus maridos y a sus hijos" (Tito 2:3,4).

En segundo lugar, la humildad y modestia de Ruth (3:9). Boaz ya se había complacido con Ruth en el campo. Y ella lo sabía. Las mujeres notan estas cosas. Pero cuando él le pregunta, ella responde: "Tu sierva." No dijo: "Tu pasión, el nuevo amor de tu vida."[104]

En tercer lugar, la confianza de Ruth en Dios (3:10). Ruth no corrió detrás de ningún joven ni de ningún otro hombre. Ella fue a Boaz y por eso fue bendecida. Ella confió en la divina providencia y Dios la honró. Ella no manipuló ni creó artificios. No fabricó armas, pero actuó de acuerdo con las instrucciones recibidas de su suegra.

Cuarto, el descanso de Ruth en la promesa de Boaz (3:11). Boaz prometió su honor y su palabra que cumpliría los deseos del corazón de Ruth y trabajaría para cumplir plenamente su pedido. La razón que da es la excelente reputación de Ruth. Se había vuelto muy popular entre todos en la ciudad. Todo el mundo conocía sus excelentes cualidades morales.

---

[103] Gondim, Ricardo. Cree en la posibilidad de la victoria, 1995: p. 75.

[104] Gondim, Ricardo. Cree en la posibilidad de la victoria, 1995: p. 78.

En quinto lugar, la paciencia de Ruth (3:18). Naomi tenía un profundo conocimiento de la naturaleza masculina. Al fin y al cabo, había vivido con tres hombres en su casa, su marido y sus dos hijos. Sabía que Boaz ya estaba apegado emocionalmente a Ruth. Sabía que él no descansaría hasta deshacerse de los problemas legales, para casarse con Ruth y tenerla para él. La paciencia de Ruth fue un ingrediente fundamental en el proceso para la consumación de aquel feliz matrimonio. Quien ama, sabe esperar.

El libro de Ruth nos enseña que el camino a la felicidad está trazado por la mano soberana de la providencia. Guillermo Cowper dijo que "a través de cada providencia ceñuda se esconde una cara sonriente."

Dios cambió la suerte de Noemí y Ruth. Fueron consolados. Dios todavía continúa transformando la desesperación en esperanza y la amargura en felicidad. Dios continúa transformando la pobreza en riqueza y la soledad en ríos de abundante felicidad.

Capítulo 6
Cuando la esperanza se hace realidad

(Rt 4:1-22)

Cuatro verdades sublimes se pueden resaltar en el porche de este mensaje:

En primer lugar, la disposición. El ceño fruncido revela una cara sonriente. John Piper, en su libro *La sonrisa oculta de Dios*, dice que detrás de cada providencia que frunce el ceño se esconde un rostro sonriente. El libro de Ruth retrata esta verdad. Este libro comienza con la tristeza de la muerte y termina con la alegría del nacimiento; comienza con tres entierros y termina con una boda. Para el cristiano, es Dios quien escribe el último capítulo de la vida.[105] La noche oscura de la prueba se convierte en una mañana iluminada de gloriosa esperanza. La Biblia dice que el llanto puede durar toda la noche, pero la alegría llega por la mañana. Dios todavía continúa transformando los valles en manantiales, los desiertos en huertos y el paisaje gris de la tristeza en jardines adornados de flores.

Hubo un momento en la vida de Jacob en que se lamentaba de las desgracias de la vida, diciendo: "Todas estas cosas vienen sobre mí" (Gén. 42:36). Jacob miraba hacia el lado equivocado, pero

---

[105] Wiersbe, Comentario bíblico expositivo de Warren W, Vol. 2. 2006: p. 192.

cuando giró hacia el lado correcto, se dio cuenta que el plan de Dios era perfecto y todo funcionaba hacia su objetivo.

En segundo lugar, las imposibilidades humanas se vuelven realidad por acción divina El libro de Ruth revela las amargas imposibilidades humanas. Noemí miró a través de la nube del tiempo y no vio salida. Desde la perspectiva humana, su destino estaba sellado y la alegría ya no era parte de su futuro. Sin embargo, Dios revirtió la situación y le mostró el camino de la esperanza. Mientras pensaba que Dios estaba ocupado trabajando en su contra, en realidad Dios estaba actuando a su favor.

La vida cristiana no es un camino recto hacia la gloria, sino un camino lleno de curvas y acantilados. John Bunyan expresó esto de una manera incomparable en el clásico *El progreso del peregrino*. Hay momentos en los que miramos hacia adelante y no vemos más que puentes estrechos, valles profundos e inmensos abismos. En estos momentos nos sentimos débiles, desanimados e incluso escribimos nuestra sentencia de derrota. Noemí hizo esto al regresar a Belén. Sin embargo, lo imposible para los hombres es posible para Dios. Él continúa haciendo de la mujer estéril una madre alegre de hijos. Dios continúa sacando al pobre del muladar y haciéndolo sentar entre los príncipes.

En tercer lugar, el fin de la línea desde la perspectiva humana podría ser el comienzo de una hermosa historia contada por Dios en cuando la esperanza se hace realidad, la eternidad misma. Los ojos de Noemí estaban nublados por la amargura. Pensó que el resto de sus días estaría marcado por la tristeza. Sin embargo, Dios tenía un plan perfecto, trazado en la eternidad, que se estaba desarrollando, y en ese plan Noemí se alzaría como protagonista de una de las historias más hermosas. El hijo de Ruth con Boaz fue el hijo levantado para la perpetuación: a la memoria. de Malom. Por lo tanto, Obed sería más que un nieto para Noemí, sino su salvador, su consolador, la esperanza de Noemí, perpetuación de su familia en la tierra.

En cuarto lugar, ningún éxito es definitivo y ninguna derrota es fatal. Ricardo Gondim dice que no llega nadie al éxito y al descanso, y nadie es vencido y se acabó, porque ningún éxito es definitivo y ninguna derrota es fatal. El futuro todavía te reserva sorpresas. No te dejes embriagar por el éxito ni te dejes vencer por el fracaso, porque Dios está dirigiendo tu vivir.[106] La vida cristiana no es un camino recto hacia la gloria; antes, es un camino lleno de curvas y sorpresas. Tanto el éxito como el fracaso son fugaces. No podemos jactarnos de los éxitos ni desesperarnos por los fracasos, porque, cuando pensamos que hemos llegado al final del camino, Dios nos abre una nueva puerta de esperanza.

El capítulo cuatro del libro de Ruth trata de tres temas importantes: un rescate (1:9), un matrimonio (10:12) y una descendencia (13:22). Examinemos estos tres puntos y luego extraigamos algunas lecciones.

Un rescate (4:1-9). Boaz amó a Ruth desde el primer momento en que la conoció. Era un hombre rico, piadoso y legalmente calificado para ser el salvador de la familia. Boaz ya hizo abundante evidencia de su amor por Ruth, y ella lo sabía. A su vez, Ruth ya le había hecho una propuesta formal de matrimonio a Boaz, y él estaba comprometido a resolver el asunto, pues en la lista de parientes cercanos había un hombre que tenía preferencia para rescatarla y casarse con ella.

Boaz muestra gran compromiso en el proceso de ser el salvador de Noemí, con miras a su matrimonio con Ruth. Veamos algunos puntos: Primero, Boaz tiene prisa (4:1). Noemí, que conocía bien la naturaleza masculina, ya que había tenido tres hombres en su familia, sabía que Boaz no descansaría hasta resolver la disputa con el otro candidato (3:18). Ahora Boaz estaba sentado a la puerta de la ciudad esperando encontrarse con él. Boaz es un hombre decidido y de tomar acción, y tiene prisa por actuar. No pospone

---

[106] Gondim, Ricardo. Cree en la posibilidad de la victoria, 1995: p. 101,102.

esa decisión fundamental de la vida. Tiene todo el interés del mundo en deshacerse de todos los asuntos pendientes para consumar su proyecto de casarse con Ruth.

Si la precipitación es un mal que debemos evitar, la indecisión es otro error que no podemos cometer. La libertad de decidir es una facultad fundamental en la vida humana. De hecho, somos esclavos de nuestra libertad. No podemos evitar decidir. Somos como un hombre en un barco río abajo. Quizás decidamos saltar del barco y nadar hasta la orilla del río. Podemos decidir remar y llegar a un lugar seguro. Podemos fingir que no hay peligro por delante y dormir pasivamente en el interior del barco. Podemos hacer muchas otras cosas. Solo hay una cosa: que no podemos evitar decidir. No podemos evitar tomar una decisión. La indecisión también es una decisión. La indecisión es la decisión de no decidir. Y quien no toma una decisión, decide fracasar.

Cuando lo esperas, se hace realidad.

En segundo lugar, Boaz está comprometido con la justicia (4:1): la puerta de la ciudad no era sólo la entrada oficial a la ciudad, sino un lugar público donde se resolvían las cuestiones legales. Keil y Delitzsch dicen que la puerta era un espacio abierto frente a la ciudad, el foro de la ciudad, el lugar donde se discutían los asuntos públicos de la ciudad. [107] En aquella época, el tribunal no funcionaba en un edificio, sino en la puerta de la ciudad… Leon Morris dice que la puerta jugó un papel importante en las ciudades de la antigua Judá. La puerta era el centro de la vida de la ciudad. Era el lugar de cualquier asamblea importante (1 Reyes 22:10) era el lugar de los procedimientos legales (2 Samuel 15:2). La gente fue condenada ante los "[…] ancianos de la ciudad, en la puerta" (Dt 22:15). La puerta se menciona en relación con las ejecuciones (Dt 22:24). La tragedia suprema de una ciudad era cuando los ancianos

---

[107] Keil, C. F. y Delitzsch, F. Comentario al Antiguo Testamento. vol. II, 1980: pág. 487.

ya no estaban sentados a la puerta (Lm 5:14).[108] David Atkinson, en este mismo rastro de pensamiento, hablando de la importancia de la "puerta" de la ciudad, dice que cerca de la puerta los pobres esperaban ayuda (Pr 22:22). Allí se hacían negocios (Génesis 23:10). Era a la puerta de la ciudad donde se reunían los ancianos de la sociedad (Pr 31:23), también los príncipes y los nobles, los jóvenes y los viejos (Job 29:7-10).[109]

Boaz estaba allí en la puerta de la ciudad para tratar el asunto legalmente. Quería casarse con Ruth, pero no quería el concubinato; quería un matrimonio legal. Boaz también estaba dispuesto a ser el redentor de Noemí, pero quería hacer las cosas de forma legal y transparente. Según la ley de Moisés, la tierra no podía venderse a perpetuidad, ya que era posesión de Dios mismo. Así está escrito: "Ni la tierra se venderá a perpetuidad, porque la tierra es mía; porque vosotros sois para mí extraños y peregrinos. Por tanto, en toda la tierra de vuestra posesión daré rescate a la tierra. Si tu hermano se empobrece y vende algunas de sus posesiones, entonces será tu redentor, tu pariente, y redimirá lo que tu hermano vendió" (Levítico 25:23-25). Noemí era pobre y no podía conservar su tierra. Sin embargo, la obligación solemne de la familia era garantizar que la propiedad no se perdiera.[110]

En tercer lugar, Boaz tiene prudencia (4:2). Boaz no va solo a hablar con el otro pariente de Noemí, pero invita a diez ancianos a ser testigos de la conversación. David Atkinson dice que los ancianos generalmente confirmaban contratos y acuerdos comerciales respondiendo a esta invitación formal a "testificar": una función importante en la vida comercial del pueblo, que otorgaba autoridad contractual a las transacciones.[111] Los ancianos

---

[108] Cundall, Arthur E. y Morris, León. Jueces y Ruth: Introducción y comentario, 2006: p. 280.281.

[109] Atkinson, David. El mensaje de Ruth, 1991: p. 114.

[110] Cundall, Arthur E. y Morris, León. Jueces y Ruth: Introducción y comentario, 2006: p. 286.

[111] Atkinson, David. El mensaje de Ruth, 1991: p. 116.

de una ciudad eran particularmente encargados de la jurisdicción en materia de derechos familiares como el levirato (Dt 25:7-9).

Estos ancianos ejercían una función jurídica y legal. Eran una especie de mesas. Hicieron el papel de jueces.

El acuerdo firmado tenía validez jurídica. Boaz siempre tuvo cuidado de actuar con prisa, pero también de actuar con seguridad y prudencia.

Cuarto, Boaz tiene integridad (4:3,4). Boaz no retiene información ni oculta la verdad. Le informa al otro pariente de Noemí que tenía preferencia en el rescate. Aunque el propio Boaz estaba interesado en hacerlo, no creó mecanismos ilícitos para engañar a otros ni trató de sobornar a los ancianos para que pusieran su nombre al principio de la lista. La integridad moral era una marca distintiva de Boaz.

Leon Morris dice que este otro redentor no es importante. Solo parece renunciar a su justo encima de Ruth y luego desaparece. Entonces su nombre no importa. El hecho instructivo sigue siendo que aquel que estaba ansioso por la preservación de su propia herencia ahora no se le conoce ni siquiera por su nombre.[112]

Quinto, Boaz tiene sabiduría (4:5,6). Boaz muestra gran tacto al presentar la situación a su competidor. Rowley llama a esta estrategia del "golpe maestro" de Boaz.[113] Presentó el asunto en dos etapas. Puso en primer lugar la redención de las tierras de Noemí y, sólo más tarde, reveló que en el paquete también estaba la necesidad de casarse con Ruth, la viuda moabita, para criar una descendencia y heredero de Malom. Lo importante aquí era la perpetuación del nombre del difunto, lo que se haría a través de un hijo que recibiría sus tierras. Aquí brilla el profundo interés personal de Boaz por Ruth. Boaz ideó este complot para poder

---

[112] Cundall, Arthur E. y Morris, Leon. Jueces y Ruth: Introducción y comentario, 2006: p. 282.

[113] Rowley, H. H. El matrimonio de Ruth: La sierva del Señor y otros ensayos. Blackwell, 1965: pág. 190.

casarse con ella, mencionando primero la tierra y luego a Ruth. Y su "golpe maestro" funcionó. Utilizó hábilmente las posibilidades de la ley, poniendo al pariente más cercano en una situación imposible: el redentor anónimo se dio cuenta que tenía dos responsabilidades, no sólo una, y que las dos estaban interconectadas. No podía aceptar uno sin el otro.[114] La estrategia de Boaz funcionó. El hombre renunció a rescatar la tierra de Noemí y a casarse con Ruth, abriendo el camino para que Boaz cumpliera su sueño. Un salvador era alguien que tenía que interesarse por los necesitados y poder ayudarlos. Asimismo, debió haber estado dispuesto a sacrificarse para lograrlo. No fue una obligación, sino un acto de amor.[115]

El otro redentor se dio cuenta que si redimía el campo de Noemí, no tendría aumento en su propiedad; por el contrario, habría una reducción de su patrimonio, dado que tendría que pagar por la tierra, que no le pertenecería su familia, sino al hijo de Ruth. En este caso, tuvo que comprar el campo y, además, apoyar a Ruth. Los gastos podrían ser bastante elevados. El redentor ciertamente estaba dispuesto a comprar el campo sin casarse con Ruth. No estaba dispuesto a hacer ambas cosas.[116]

En sexto lugar, Boaz es celoso de la legalidad (4:7-9). La decisión de redimir el terreno de Noemí tiene dos procedimientos legales: el retiro formal del otro competidor con la ceremonia de descalzo (4:7,8) y la confirmación de la compra del terreno de Noemí ante testigos (4:9). La ceremonia de toma de zapatos fue una transferencia de derechos, no de propiedad. Boaz era un hombre que vivía dentro de la ley. Respetó las leyes vigentes. Su riqueza no fue adquirida ilegalmente. Era un hombre piadoso y recto. Tenía una relación correcta con Dios y con los hombres.

---

[114] Atkinson, David. El mensaje de Ruth, 1991: p. 188.
[115] Atkinson, David. El mensaje de Ruth, 1991: p. 120.
[116] Cundall, Arthur E. y Morris, León. Jueces y Ruth: Introducción y comentario, 2006: p. 288.

Una boda (4:10-12) El matrimonio de Boaz con Ruth tiene muchos aspectos llenos de encanto y belleza. Destaquemos algunos de estos aspectos:

Primero, Joi es un matrimonio provisto por Dios (2:20). Ruth, antes de buscar marido, buscó a Dios. Antes de buscar un hogar, buscó refugio bajo las alas de Dios. El encuentro de Ruth con Boaz fue casual en la perspectiva humana, pero programada por la divina providencia (2:20). Una esposa prudente es un regalo de Dios. No quieren encontrar esposa, ha encontrado el bien y ha encontrado la benevolencia del Señor. Esta esposa vale más que la riqueza. Su valor supera al de la joyería fina. La Biblia dice: "Deléitate en el Señor, y él te concederá los deseos de tu corazón" (Sl 37:4). En segundo lugar, Joi es una boda precedida por una hermosa relación (2:10-12; 3:9-14). Boaz trató a Ruth con caballerosidad, honor, bondad y amor desde su primer encuentro con ella. Aunque la quiso desde el principio, nunca se aprovechó de ella. El camino hacia un matrimonio feliz debe estar pavimentado por actitudes nobles, porque donde se ven señales de falta de respeto, hay presagios de relaciones desastrosas.

No hubo intimidad física en la relación de Ruth con Boaz antes del matrimonio (3:14). Solo tuvieron relaciones sexuales después de casarse (4:13). Este es un principio importante que la sociedad contemporánea está descuidando. El sexo es sagrado y placentero. Fue creado por Dios para ser disfrutado plenamente en el contexto del matrimonio (Hb 13:4; Prov 5:15-19). Sin embargo, la práctica del sexo antes del matrimonio (1 Tes 4:3-8) y fuera del matrimonio (Pv 6:32) trae sufrimiento y juicio.

En tercer lugar, era un matrimonio muy deseado por ambos (3:9; 3:11; 4:10,11). El matrimonio no es un contrato temporal y experimental. Es una alianza para toda la vida. No es prudente contraer matrimonio con indecisión e inseguridad. Ricardo Gondim, en su libro *Cree en la posibilidad de la victoria*, habla del amor de Boaz por Ruth y dice que el verdadero amor se realiza a través de gestos con la misma profundidad que se proclama a través de los labios.

El verdadero amor busca legitimarse sin desganas. Descarta riesgos y paga cualquier precio. El verdadero amor no teme asumir compromisos.[117]

Hoy tenemos muchas palabras bonitas y poco compromiso. Los vestidos de novia son cada vez más blancos y la pureza es cada vez más escasa. Los velos de las novias son cada vez más largos y las bodas son cada vez más largas y la vida en común cada vez más corta. Hoy vemos pasiones ardientes, pero poco amor; muchas promesas, pero pocas promesas cumplidas. Vemos a muchos que contraen matrimonio sin reflexión, pero pocos que invierten en él con sincera devoción.

Cuarto, Joi es un matrimonio apoyado por la familia (3:1-5:18). Ruth no se casa con Boaz en contra de los deseos de Noemí. Su suegra es su consejera y ella su discípula. El matrimonio de Ruth con Boaz es objeto de oración y regocijo en la familia. Este es uno de los principios fundamentales incluso hoy en día.

El matrimonio no debe ser una decisión sólo de los dos que se casan, sino una decisión más amplia en la que participe toda la familia. Casarse en contra de los deseos de los padres es una decisión que conduce al desastre.

Quinto, Joi es un matrimonio público (4:10,11).

El matrimonio de Boaz y Ruth fue un acto público y legal, realizado ante los ancianos y jueces de la ciudad. Esto significa que se casaron de acuerdo con las leyes vigentes en ese momento. Hoy en día, muchos consideran el matrimonio sólo una alianza privada entre dos personas, que pueden hacerse (e incluso deshacerse) a su voluntad, por elección personal.

---

[117] Gondim, Ricardo. Cree en la posibilidad de la victoria, 1995: p. 89-94.

El matrimonio; sin embargo, debe ser una alianza pública.[118] Hoy en día, mucha gente descarta el matrimonio civil, diciendo que el papel no tiene valor. Sin embargo, el matrimonio es un contrato legal antes de ser una unión física. El principio bíblico es claro: "Por tanto, el hombre deja a su padre y a su madre y se une a su mujer, convirtiéndose en dos vinieron uno" (Gén 2:24). Antes de la unión, debe haber un abandono del padre y de la madre. Este es el lado legal de la relación. Hoy en día, los jóvenes se unen sexualmente y luego dejan a su padre y a su madre. Esto es una inversión de el principio establecido por Dios. David Atkinson escribe sobre este aspecto legal del matrimonio de la siguiente manera:

El "dejar padre y madre" es una declaración pública que se está celebrando el matrimonio. ¡Y la ocasión en que la pareja recibe el apoyo público de sus amigos y de la sociedad en la nueva unidad social que están creando. Es la ocasión en que la pareja acepta también su vocación de ser una nueva unidad dentro de la sociedad.[119]

El matrimonio coloca al marido y a la mujer en una posición de responsabilidad hacia el mundo y la humanidad. Es su amor y su propiedad privada, pero el matrimonio

Es algo más que personal: es un estatus, una posición que los vincula entre sí ante Dios y ante los hombres.[120]

El testimonio público siempre ha sido parte de la alianza. Sirve como refuerzo en el matrimonio contra la desintegración en momentos en que la relación está bajo tensión. Los votos tomados en la ceremonia nupcial no son meramente un asunto privado, sino que fueron asumidos y presenciados públicamente. No se debe pasar por alto la importancia de celebrar una boda, ya que se trata de fiestas que celebran el inicio de una nueva aventura. El texto dice

---

[118] Atkinson, David. El mensaje de Ruth, 1991: p. 121.
[119] Ídem.
[120] Atkinson, David. El mensaje de Ruth, 1991: p. 122.

que todo el pueblo estaba presente, no sólo para testificar, sino para decir oraciones.[121]

Sexto, Joi es un matrimonio con propósito (4:10). La principal intención de un matrimonio bajo el régimen del levirato era crear una descendencia para el marido fallecido. La familia de Elimelec se quedó sin semillas que pudieran germinar en la tierra. Murió, y también murieron sus dos hijos sin dejar descendencia. Ahora, Boaz se casa con Ruth con el propósito de alzar el nombre de Malom sobre su herencia para que su nombre no sea exterminado entre sus hermanos. El matrimonio de Boaz es movido por amor por Ruth y guiado por un profundo gesto de altruismo hacia la familia de Elimelec.

Séptimo, Joi es un matrimonio bendecido por testigos (4:11,12). Los ancianos de Belén oraron tres bendiciones especiales por el matrimonio de Boaz y Ruth: Le pidieron a Ruth que fuera una mujer fértil (4:11). Los estudiosos creen que Ruth, además de ser moabita, también era estéril, pues se nos dice que estuvo casi diez años casada con Mahlón en Moab sin tener hijos (1:4,5). Los ancianos pidieron a Dios que ella fuera como Raquel y Lea, las únicas esposas de Jacob, progenitoras de todas las naciones. Raquel también era estéril y Dios la sanó. Cuando Ruth concibió, se nos dice que fue el Señor quien le permitió concebir (4:13). Solo hay oraciones a favor de Ruth para que se convierta en la antecesora de una raza famosa. Que tenga mucha descendencia dentro de la familia y los propósitos de Dios.[122]

Pidieron que Boaz fuera un hombre próspero (4:11). Boaz ya era señor de muchos hombres (2:1). Sin embargo, ahora los ancianos están bendiciendo su vida y orando a Dios para que sea famoso en su ciudad. Que adquiera poder y fama. Que a través de

---

[121] Atkinson, David. El mensaje de Ruth, 1991: p. 122.123.
[122] Atkinson, David. El mensaje de Ruth, 1991: p. 125.

este matrimonio con Ruth, también se establecería la propia familia de Boaz.

Pidieron que la casa de Boaz fuera como la casa de Pérez. Pérez era hijo de Judá, antepasado de Boaz y tronco principal de la tribu que trajo al mundo al gran rey David y al Mesías, el Salvador del mundo. Leon Morris dice que Pérez era, a primera vista, el más importante de los hijos de Judá. Al parecer, la tribu de Judá dependía de los descendientes de Pérez más que de los demás. Pérez fue uno de los antepasados de Boaz y, por lo tanto, alguien muy oportuno para ser mencionado. De hecho, parece que Pérez fue el antepasado de los betlehemitas en general.[123]

Un descendiente (4:13-22). El libro de Ruth termina poniendo el foco en la descendiente. Obed, el hijo de Ruth y Boaz, juega un papel importante en la conclusión del libro. Vale la pena destacar algunos puntos:

En primer lugar, el descendiente es visto como una dádiva de Dios (4:13). La Biblia dice que los hijos son una herencia de Dios. Son regalos del Señor. No son un accidente, sino regalos del cielo. Puede ser que los padres no planeen tener hijos o incluso no quieran tener hijos, pero Dios los concede. Mirar a sus hijos desde esta perspectiva marca la diferencia. Leon Morris dice que a lo largo del libro de Ruth persiste el pensamiento que Dios está por encima de todo y hace cumplir su voluntad. Los ancianos y otras personas consideraban a los niños como regalos de Dios (4:12).[124]

David Atkinson dice que si hay un tema que domina el libro de Ruth por encima de los demás, es el de la providencia soberana de Dios y nuestra dependencia de Él como seres humanos. Dios es la fuente de la vida. La vida, al igual que Sus bendiciones, es un regalo de Su mano. Y, particularmente, aquí la concepción de un

---

[123] Cundall, Arthur E. y Morris, León. Jueces y Ruth: Introducción y comentario, 2006: p. 295.

[124] Cundall, Arthur E. y Morris, León. ueces y Ruth: Introducción y comentario, 2006: p. 296.

niño se entiende como un regalo de Dios.[125] Al considerar este aspecto de la concepción como un regalo de Dios, el debate sobre el aborto debería ganar una dimensión más amplia. La interrupción de la vida no debe limitarse únicamente a una decisión entre el médico y la madre.

Es una vida nueva, una obra maestra de las manos de Dios. Warren Wiersbe dice que en Estados Unidos, cada año, un millón y medio de bebés son asesinados legalmente en el útero, y sus pedazos son extirpados como si fueran tumores cancerosos. Una enfermera cristiana comentó: "En una parte de nuestro hospital trabajamos día y noche para mantener vivos a los bebés. En otros lugares matamos niños."[126]

En segundo lugar, la descendencia es vista como un regalo por su familia (4:14-17). John Piper, al predicar sobre este texto, dice que el enfoque en los versículos 14 al 17 no está en Ruth o Boaz, sino en Noemí. ¿Por qué? Porque volvió a Belén amargada, no feliz (1:20). Regresó a Belén pobre y no próspera (1:21). Regresó a Belén mirando a Dios como un enemigo, no como un ayudante (1:21). Regresó a Belén viendo a Dios como un flagelador, no un consolador (1:21c).

Ruth muestra que la vida de los justos no es un camino recto de gloria, sino un camino lleno de curvas y sorpresas. A la historia del libro de Ruth comienza con las pérdidas de Noemí y termina con las ganancias de Naomi. La historia comienza con muerte y termina con el nacimiento.

¿Un hijo para quién? El versículo 17 dice: "Los vecinos le pusieron un nombre, diciendo: A Noemí le nació un hijo. Y lo llamaron Obed. Este es el padre de Jesé, el padre de David." Las mujeres dijeron que a Noemí le había nacido un hijo, y no a Ruth. ¿Por qué? Para mostrar que lo que Noemí había dicho acerca de

---

[125] Atkinson, David. El mensaje de Ruth, 1991: p. 128.
[126] Wiersbe, Warren W Comentario bíblico expositivo. Vol. 2, 2006: pág. 194.

Dios no era cierto (1:21). Si tenemos más paciencia para esperar el tiempo oportuno de Dios, veremos que Él obra para nosotros, no en nuestra contra.

No, Noemí no regresó a Moab pobre y vacía (1:21). Fue Dios quien le dio a Ruth a Noemí. Esta joven viuda moabita le dijo a su suegra: "[...] tu Dios es mi Dios" (1:16). Ruth vino a Belén con Noemí para buscar refugio bajo las alas de Dios (2:12). Fue Dios mismo quien llevó a Ruth a Belén para bendecir la vida de Noemí. Noemí no lo entiende, pero Dios quiere llevarla a este feliz destino.

Noemí dio la impresión que no había esperanzas que Ruth se casara en Belén para crear una descendencia, su linaje familiar (1:12). Sin embargo, fue Dios quien preservó a Boaz, un hombre rico, piadoso y pariente de la familia, para que se casara con Ruth. La propia Noemí necesita rendirse ante esta evidencia (2:20). Noemí reconoció que detrás del encuentro casual de Ruth con Boaz estaba la llamada providencia divina que no olvida Su benevolencia hacia los vivos ni hacia los muertos. Cada pérdida que el pueblo de Dios sufre en la vida, Dios la convierte en ganancia.

Fue Dios quien abrió el útero de Ruth para concebir. Fue Dios quien permitió a Ruth concebir y tener un hijo (4:13). Ruth fue el blanco de las oraciones de los ancianos de la ciudad a este respecto (4:11). Dios está trabajando continuamente a favor de Noemí para demostrarle Su favor. Cuando perdió a su marido y a sus hijos, Dios le dio a Ruth. Cuando pensó en un salvador, Dios le dio a Boaz. Cuando Ruth se casó con Boaz y Dios le dio un hijo.

En tercer lugar, el descendiente es visto como una fuente de alegría para su faraón (4:14-17) El nieto de Noemí es el blanco de las oraciones de las mujeres de Belén. Él sería el salvador de Noemí (4,14). Su familia se perpetuaría en la tierra a través de él. En este sentido, Boaz no era el *goel* de Noemí, sino su nieto. Fue él quien perpetuó el nombre de la familia de Noemí en la tierra y fue su sostén en la vejez.[127] Él también tendría un nombre famoso en Israel, más allá de las fronteras de su ciudad (4:.14). Obed sería también el restaurador de la vida de Noemí (4:15). Sería su apoyo, su proveedor, su partidario. Finalmente, Obed sería el consolador de la vejez de Noemí (4:15). Noemí no tendría una vejez amarga. Sus mejores días no quedaron enterrados en el pasado, sino que aun estaban por llegar.

En cuarto lugar, el descendiente crece en una familia donde reinan el amor y la armonía (4:15,16). Hay dos cosas puntos importantes que vale la pena señalar aquí:

Ruth ama a su suegra y es mejor que siete hijos (4:15). La hermosa relación entre Ruth y Noemí se desborda a lo largo del libro. Ahora, las mujeres de la ciudad dan testimonio público sobre el amor de Ruth por su suegra. Y añaden: "[...] porque tu nuera, que te quiere [...] más te vale que siete hijos" (4:15). Leon Morris dice que su homenaje a ti es mejor que siete hijos es extraordinariamente relevante en vista del valor comúnmente atribuido a los hombres, en comparación con las mujeres. La ambición de todos los hombres casados era tener una gran descendencia masculina, por lo tanto, hablar de Ruth como si fuera más valiosa para Noemí que siete hijos (la expresión proverbial para la familia perfecta) es el tributo supremo.[128]

Noemí cuida de su nieto sin la actitud celosa de Ruth (4:16). Noemí no sólo tiene la alegría de recibir a un nieto, sino el privilegio de cuidarlo. Ruth no intentó quitarle a su hijo a su abuela; al contrario, le dio libertad para instruirle. Noemí esperaba vivir una vejez solitaria, cuando perdió a su marido y a sus hijos. Con la llegada de su nieto volvió a tener una familia. Era amada y tenía un

---

[127] Keil, C. F. y Delitzsch, F. Comentario al Antiguo Testamento. vol. II, 1980: pág. 492.

[128] Cundall, Arthur E. y Morris, León. Jueces y Ruth: introducción y comentario, 2006: p. 297.

lugar de honor. El bebé, en cierto sentido, simbolizaba todo esto; y Noemí se dedicó a él.[129]

Quinto, la descendencia trae una semilla bendita al mundo (4:17-22). Cada bebé que nace en este mundo es un voto a favor del futuro. Cuando se tiene un bebé, uno tiene el futuro en sus brazos[130]. El libro de Ruth concluye con una breve genealogía, que vincula a Pérez (hijo de Judá) con David. Obed, hijo de Ruth y Boaz, se convierte en el padre de Jesé, y de Jesé, el padre de David, el rey más grande de Israel.

El Mesías vendría al mundo mil años después del gran monarca, siendo llamado Hijo de David. El autor del libro de Ruth no se fija sólo en Obed. Levanta los ojos y ve más allá. Él mira la historia de la redención. Dios no solo estaba trabajando para proporcionar bendiciones materiales a Noemí, Ruth y el pueblo de Belén. Estaba preparando el escenario para la llegada de David, el rey más grande de Israel. El nombre de David traía consigo la esperanza del Mesías en un nuevo tiempo de paz, justicia y libertad, en el que el pecado y la muerte serían conquistados. ¡La historia del libro de Ruth abre las cortinas de la esperanza y nos señala a Jesús!

Leon Morris, en la misma línea de pensamiento, escribe:

El propósito del matrimonio de Boaz con Ruth fue conducir, a su debido tiempo, al gran rey David, el hombre conforme al corazón de Dios, el hombre en quien los propósitos de Dios se ejecutaron de una manera extraordinaria. Estos acontecimientos en Moab y Belén contribuyeron a conducir al nacimiento de David. Los creyentes también considerarán detenidamente la genealogía que aparece al inicio del Evangelio de Mateo, y reflexionarán que la mano de Dios recorre toda la historia. Él ejecuta Su propósito, generación tras generación. Como estamos limitados a una sola

---

[129] Cundall, Arthur E. y Morris, León. Jueces y Ruth: Introducción y comentario, 2006: pág. 297.

[130] Wiersbe, Comentario bíblico expositivo de Warren W. Vol. 2, 2006: pág. 195.

vida, cada uno de nosotros sólo ve una pequeña parte de lo que sucede. Una genealogía es una manera extraordinaria de traer ante nuestros ojos la continuidad de los propósitos de Dios a través del tiempo. El proceso histórico no es casual. Hay un propósito en todo. Este propósito es el propósito de Dios.[131]

Las diez personas cuya genealogía está registrada en los últimos cinco versículos del libro de Ruth se pueden encontrar en el pasaje de Mateo 1:3-6 como formando vínculos importantes en el linaje del Mesías.[132] Por lo tanto, los nombres que aparecen en la genealogía desde Pérez hasta David (4:18-22) son los mismos que aparecen en la genealogía de Jesús, según el relato de Mateo. De esta manera, el libro de Ruth quiere enseñarnos que el propósito de Dios para la vida de su pueblo está conectado con algo más grande que nosotros mismos. Dios quiere que sepamos que cuando caminamos con Él, nuestras vidas siempre significan más de lo que pensamos. Para el cristiano, siempre habrá una conexión entre los acontecimientos ordinarios de la vida y la estupenda obra de Dios en la Historia. El libro de Ruth señala a David. David señala a Jesús, y Jesús señala la gloria final, cuando reinaremos con Él en gloria eterna, donde Dios enjugará toda lágrima de nuestros ojos (Apocalipsis 21:4).

Lo mejor está por venir. Esta es una verdad gloriosa que sentirás si caminas con Dios.

Destacamos algunas lecciones de este texto:

En primer lugar, tienes un gran valor para Dios. No importa tu nacionalidad, tu familia, tu cultura, tus posesiones, tienes un gran valor para Dios. Puede que tu vida no haya sido planeada por tus padres, pero sí fue planeada por Dios. No viniste al mundo por mera casualidad. Hay un plan perfecto y un propósito eterno que

---

[131] Cundall, Arthur E. y Morris, León. Juece y Ruth: introducción y comentario, 2006: p. 300.301.
[132] Champlin, Russell Norman. El Antiguo Testamento interpretado versículo por versículo. Vol. 2, 2003: pág. 1112.

gobierna tu vida. Ruth era una viuda moabita. Además de extranjera, era pobre y desamparada. Dios; sin embargo, no sólo le proporcionó una familia y riquezas, sino que perpetuó su nombre, convirtiéndola en madre de una descendencia bendecida. Aquella viuda que vivió en tiempos tan remotos tiene su nombre recordado con honor por infinitas generaciones.

En segundo lugar, el matrimonio es una gran bendición cuando se realiza dentro de la voluntad de Dios. Boaz era un hombre rico, pero su vida carecía de un propósito mayor. Antes de conocer a Ruth, Boaz trabajaba, ganaba dinero, vivía bien, pero no tenía un propósito.[133] El matrimonio nos da un propósito elevado para vivir. Boaz, tan pronto como conoció a Ruth, buscó este propósito con todas las fuentes de su alma. Su matrimonio abrió nuevos horizontes para las gloriosas intervenciones de Dios en tu vida.

Por otra parte, nada es más frustrante que un matrimonio hecho de prisa, sin reflexión, sin apoyo familiar, sin alegría de testigos, sin convicción de amor. El matrimonio puede ser un jardín con incrustaciones de flores o un desierto árido, como una huida hacia la libertad o una prisión tortuosa.

En tercer lugar, los niños son regalos de Dios. Los niños son herencia de Dios. Valen más que las riquezas. Tan pronto como nació Obed, el texto guarda silencio sobre las posesiones de Boaz. Nada se compara con la riqueza que representan los niños. La llegada de Obed se celebró con más alegría que las abundantes cosechas de trigo. Las personas valen más que las cosas. Los niños valen más que el dinero. Nuestra mayor inversión debería ser en las relaciones. Ningún éxito compensa el fracaso en la relación con sus hijos.

---

[133] Gondim, Ricardo. Cree en la posibilidad de la victoria, 1995: p. 97.

Cuarto, la vida debe vivirse teniendo en perspectiva la eternidad. La última palabra del libro de Ruth es David. Noemí, Ruth y Boaz no vivieron en vano porque eran parte de un propósito divino, su destino estaba siendo guiado por el cielo, no por la tierra. Había sido diseñado en la eternidad, y no en el tiempo. El matrimonio de Ruth con Boaz, que trajo al mundo a David, el gran rey, culminó con la llegada del propio Mesías, el Rey de reyes. La boda de Ruth tuvo lugar en Belén. David nació en Belén. Jesús nació en Belén, y desde Belén la salvación de Dios se extendió a todos los pueblos.

Hoy, es posible que no cambies los planes de Dios en tu vida. Hoy en día, las provisiones de Dios pueden parecerle sombrías y aterradoras. Sin embargo, arriba, en la sala de control del Universo, las cosas están meticulosamente planificadas y determinadas. Y Dios las llevará a cabo por amor de sí mismo, para gloria de su propio nombre. Hoy tus problemas pueden parecer intrincados, difíciles y puedes pensar: ¡No hay manera! Sin embargo, míralo desde la perspectiva de la eternidad y comprende que Dios quiere transformar tu vida en algo extraordinario.[134]

Quinto, lo mejor de Dios está aun por llegar. No caminamos como los discípulos de Emaús hacia el ocaso de la Historia. No estamos haciendo un viaje hacia el atardecer. Nuestro camino es hasta el amanecer, el final de nuestro camino no será un sepulcro frío cubierto de polvo, sino una eternidad llena de gloria, donde reinaremos por siempre con Cristo. Aquí, como Ruth, cruzamos valles y montañas, cruzamos puentes estrechos y pantanos fangosos. Aquí, nuestro cuerpo es golpeado por la enfermedad e incluso cae por la furia implacable de la muerte. Sin embargo, la muerte ya no tiene la última palabra en nuestras vidas. Seguimos las huellas de Aquel que quitó el aguijón de la muerte, Nuestro Redentor es la Resurrección, la acción y la Vida.

---

[134] Gondim, Ricardo. Cree en la posibilidad de la victoria, 1995: p. 105.

No viajamos en un barco que se hundirá en las aguas turbulentas del mar de la vida. Pronto sonó la trompeta de Dios. Pronto se escuchará la voz del arcángel. Pronto todos los enemigos serán puestos bajo los pies de nuestro Señor. Pronto cada rodilla se doblará y cuando la esperanza se hace realidad toda lengua confesó que Él es Señor en el cielo, en la tierra y debajo de la tierra. Pronto dejaremos este cuerpo de humillación y seremos revestidos de un cuerpo de gloria. Pronto estaremos con el Señor para siempre. No importa si el camino ahora es estrecho. No importa si los enemigos son muchos y están furiosos contra nosotros. ¡Nuestro destino es la gloria, y es nuestro propio Señor victorioso quien nos llevará a casa!

Grandes Éxitos de Zibia Gasparetto

Con más de 20 millones de títulos vendidos, la autora ha contribuido para el fortalecimiento de la literatura espiritualista en el mercado editorial y para la popularización de la espiritualidad. Conozca más éxitos de la escritora.

Romances Dictados por el Espíritu Lucius

La Fuerza de la Vida

La Verdad de cada uno

La vida sabe lo que hace

Ella confió en la vida

Entre el Amor y la Guerra

Esmeralda

Espinas del Tiempo

Lazos Eternos

Nada es por Casualidad

Nadie es de Nadie

El Abogado de Dios

El Mañana a Dios pertenece

El Amor Venció

Encuentro Inesperado

Al borde del destino

El Astuto

El Morro de las Ilusiones

¿Dónde está Teresa?

Por las puertas del Corazón

Cuando la Vida escoge

Cuando llega la Hora

Cuando es necesario volver

Abriéndose para la Vida

Sin miedo de vivir
Solo el amor lo consigue
Todos Somos Inocentes
Todo tiene su precio
Todo valió la pena
Un amor de verdad
Venciendo el pasado

Otros éxitos de Andrés Luiz Ruiz y Lucius

Trilogía El Amor Jamás te Olvida
La Fuerza de la Bondad
Bajo las Manos de la Misericordia
Despidiéndose de la Tierra
Al Final de la Última Hora
Esculpiendo su Destino
Hay Flores sobre las Piedras
Los Peñascos son de Arena

Otros éxitos de Gilvanize Balbino Pereira

Linternas del Tiempo
Los Ángeles de Jade
El Horizonte de las Alondras
Cetros Partidos
Lágrimas del Sol
Salmos de Redención

Libros de Eliana Machado Coelho y Schellida

Corazones sin Destino

El Brillo de la Verdad

El Derecho de Ser Feliz

El Retorno

En el Silencio de las Pasiones

Fuerza para Recomenzar

La Certeza de la Victoria

La Conquista de la Paz

Lecciones que la Vida Ofrece

Más Fuerte que Nunca

Sin Reglas para Amar

Un Diario en el Tiempo

Un Motivo para Vivir

¡Eliana Machado Coelho y Schellida, Romances que cautivan, enseñan, conmueven y pueden cambiar tu vida!

Romances de Arandi Gomes Texeira y el Conde J.W. Rochester

El Condado de Lancaster

El Poder del Amor

El Proceso

La Pulsera de Cleopatra

La Reencarnación de una Reina

Ustedes son dioses

Libros de Marcelo Cezar y Marco Aurelio

El Amor es para los Fuertes

La Última Oportunidad

Nada es como Parece

Para Siempre Conmigo

Solo Dios lo Sabe

Tú haces el Mañana

Un Soplo de Ternura

Libros de Vera Kryzhanovskaia y JW Rochester

La Venganza del Judío

La Monja de los Casamientos

La Hija del Hechicero

La Flor del Pantano

La Ira Divina

La Leyenda del Castillo de Montignoso

La Muerte del Planeta

La Noche de San Bartolomé

La Venganza del Judío

Bienaventurados los pobres de espíritu

Cobra Capela

Dolores

Trilogía del Reino de las Sombras

De los Cielos a la Tierra

Episodios de la Vida de Tiberius

Hechizo Infernal

Herculanum

En la Frontera

Naema, la Bruja

En el Castillo de Escocia (Trilogía 2)

Nueva Era

El Elixir de la larga vida

El Faraón Mernephtah

Los Legisladores

Los Magos

El Terrible Fantasma

El Paraíso sin Adán
Romance de una Reina
Luminarias Checas
Narraciones Ocultas
La Monja de los Casamientos

Libros de Elisa Masselli
Siempre existe una razón
Nada queda sin respuesta
La vida está hecha de decisiones
La Misión de cada uno
Es necesario algo más
El Pasado no importa
El Destino en sus manos
Dios estaba con él
Cuando el pasado no pasa
Apenas comenzando

**Libros de Vera Lúcia Marinzeck de Carvalho
y Patricia**

Violetas en la Ventana

Viviendo en el Mundo de los Espíritus

La Casa del Escritor

El Vuelo de la Gaviota

**Vera Lúcia Marinzeck de Carvalho
y Antônio Carlos**

Amad a los Enemigos

Esclavo Bernardino

la Roca de los Amantes

Rosa, la tercera víctima fatal

Cautivos y Libertos

Deficiente Mental

Aquellos que Aman

Cabocla

El Ateo

El Difícil camino de las drogas

En Misión de Socorro

La Casa del Acantilado

La Gruta de las Orquídeas

La Última Cena

Morí, ¿y ahora?

Las Flores de María

Nuevamente Juntos

Libros de Mônica de Castro y Leonel

A Pesar de Todo
Con el Amor no se Juega
De Frente con la Verdad
De Todo mi Ser
Deseo
El Precio de Ser Diferente
Gemelas
Giselle, La Amante del Inquisidor
Greta
Hasta que la Vida los Separe
Impulsos del Corazón
Jurema de la Selva
La Actriz
La Fuerza del Destino
Recuerdos que el Viento Trae
Secretos del Alma
Sintiendo en la Propia Piel

World Spiritist Institute

www.ingramcontent.com/pod-product-compliance
Lightning Source LLC
LaVergne TN
LVHW092052060526
838201LV00047B/1356